"新思想在浙江的萌发与实践"系列教材

编委会

主　编：任少波

编　委：（按姓氏笔画排序）

马春波　　王永昌　　叶桂方　　包　刚

朱　慧　　刘　亭　　刘同舫　　刘继荣

李小东　　张　彦　　张光新　　张丽娜

张荣祥　　胡　坚　　胡　炜　　柏　浩

郭文刚　　盛世豪

"新思想在浙江的萌发与实践"系列教材

主编 任少波

数字中国的浙江探索

Digital
China

A Discussion on
the Zhejiang Practice

刘亭 陈畴镛 编著

ZHEJIANG UNIVERSITY PRESS
浙江大学出版社

序

　　浙江是中国革命红船起航地、改革开放先行地、习近平新时代中国特色社会主义思想重要萌发地。习近平同志在浙江工作期间,作出了"八八战略"重大决策部署,先后提出了"绿水青山就是金山银山""腾笼换鸟、凤凰涅槃"等科学论断,作出了平安浙江、法治浙江、数字浙江、文化大省、生态省建设、山海协作及加强党的执政能力建设等重要部署,推动浙江经济社会发展取得前所未有的巨大成就。2020年3月29日至4月1日,习近平总书记到浙江考察,提出浙江要坚持新发展理念,坚持以"八八战略"为统领,干在实处、走在前列、勇立潮头,努力成为新时代全面展示中国特色社会主义制度优越性的重要窗口。2021年6月,中共中央、国务院发布《关于支持浙江高质量发展建设共同富裕示范区的意见》,赋予浙江新的使命和任务。习近平新时代中国特色社会主义思想在浙江的萌发与实践开出了鲜艳的理论之花,结出了丰硕的实践之果,是一部中国特色社会主义理论的鲜活教科书。

　　走进新时代,高校在宣传阐释新思想、培养时代新人方面责无旁贷。浙江大学是一所在海内外具有较大影响力的综合型、研究型、创新型大学,同时也是中组部、教育部确定的首批全国干部教育培训基地。习近平同志曾18次莅临浙江大学指导,对学校改革发展作出了一系列重要指示。我们编写本系列教材,就是要充分发挥浙江"三个地"的政治优势,将新思想在浙江的萌发与实践作为开展干部培训的重要内容,作为介绍浙江努力打造新时代"重要窗口"的案例样本,作为浙江大学办学的重要特色,举全校之力高质量教育培训干部,高水平服务党和国家事业发展。同时,本系列教材也将作为高校思想政治理论课的重要教材,引导师生通过了解浙江改革发展历程,深切感悟新思想的理论穿透力和强大生命力,深入感知国情、省情和民情,让思想政治理论课更加鲜活,让新思想更加入脑入心,打造具有浙江大学特色的高水平干部培训和思想政治教育品牌。

实践是理论之源,理论是行动先导。作为改革开放先行地,浙江坚持"八八战略",一张蓝图绘到底,全面客观分析世情、国情和省情与浙江动态优势,扬长避短、取长补短走出了符合浙江实际的发展道路;作为乡村振兴探索的先行省份,浙江从"千村示范、万村整治"起步,以"山海协作"工程为重大载体,逐步破除城乡二元结构,有效整合工业化、城市化、农业农村现代化,统筹城乡发展,率先在全国走出一条以城带乡、以工促农、山海协作、城乡一体发展的道路;作为"绿水青山就是金山银山"理念的发源地和率先实践地,浙江省将生态建设摆到重要位置统筹谋划,不断强化环境治理和生态省建设,打造"美丽浙江",为"绿色浙江"的建设迈向更高水平、更高境界指明了前进方向和战略路径;作为经济转型发展的先进省份,浙江坚持以发展为第一要务,以创新为第一动力,通过"立足浙江发展浙江","跳出浙江发展浙江",在"腾笼换鸟"中"凤凰涅槃",由资源小省发展成为经济大省、开放大省。

在浙江工作期间,习近平同志怀着强烈的使命担当,提出加强党的建设"巩固八个方面的基础,增强八个方面的本领"的总体战略部署,从干部队伍和人才队伍建设、基层组织和党员队伍建设、党的作风建设与反腐败斗争等方面坚持和完善党的领导,有力推进了浙江党的建设走在前列、发展走在前列。在浙江工作期间,习近平同志以高度的文化自觉,坚定文化自信、致力文化自强,科学提炼了"求真务实、诚信和谐、开放图强"的"浙江精神",对浙江文化建设作出了总体部署,为浙江文化改革发展指明了前进方向。在浙江工作期间,习近平同志积极推进平安浙江、法治浙江、文化大省建设。作为"平安中国"先行先试的省域样本,浙江被公认为全国最安全、社会公平指数最高的省份之一。在浙江工作期间,习近平同志着力于发展理念与发展实践的有机统一,着力于发展观对发展道路的方向引领,着力于浙江在区域发展中的主旨探索、主体依靠、关系处理及实践经验的总体把握,深刻思考了浙江发展的现实挑战、面临困境、发展目标、依靠动力和基本保障等一系列问题,在省域层面对新发展理念进行了思考与探索。

从"绿水青山就是金山银山"理念到"美丽中国",从"千万工程"到"乡村振兴",从"法治浙江"到"法治中国",从"平安浙江"到"平安中国",从"文化大省"到"文化强国",从"数字浙江"到"数字中国",从对内对外开放到双循环新格局……可以清晰地看到,习近平同志在浙江的重大战略布局、改革发展举措及创新实践经验,体现了新思想萌发与实践的重要历程。

浙江的探索与实践是对新思想鲜活、生动、具体的诠释,对党政干部培训和高校思想政治理论课教学而言,就是要不断推动新思想进学术、进学科、进课程、进培训、进读本,使新思想落地生根、入脑入心。本系列教材由浙江省有关领导干部、专家及浙江大学知名学者执笔,内容涵盖"八八战略"、新发展理念、"绿水青山就是金山银山"理念、乡村振兴、"千万工程"、"山海协作"、县域治理、"腾笼换鸟"、对内对外开放、党的建设、新时代"枫桥经验"、平安浙江、法治浙江、数字浙江、健康浙江、民营经济、精神引领、文化建设、创新强省等重要专题。浙江省以习近平新时代中国特色社会主义思想为指引,全面贯彻党中央各项决策部署,统筹推进"五位一体"总体布局,协调推进"四个全面"战略布局,坚持稳中求进工作总基调,坚持新发展理念,坚持以"八八战略"为统领,一张蓝图绘到底,为社会各界深入了解浙江改革开放和社会主义现代化建设的成功经验提供有益的参考。

本系列教材主要有以下特色:一是思想性。教材以习近平新时代中国特色社会主义思想为指导,通过新思想在浙江的萌发与实践展现党的创新理论的鲜活力量。二是历史性。教材编写涉及的主要时期为2002年到2007年,并作适当延伸或回顾,集中反映浙江坚持一张蓝图绘到底,在新思想指导下的新实践与取得的新成就。三是现实性。教材充分展现新思想萌发与实践过程中的历史发展、典型案例、现实场景,突出实践指导意义。四是实训性。教材主要面向干部和大学生,强调理论学习与能力提升相结合,使用较多案例及分析,注重示范推广性,配以思考题和拓展阅读,加强训练引导。

"何处潮偏盛?钱塘无与俦。"奔涌向前的时代巨澜正赋予浙江新的期望与使命。起航地、先行地、重要萌发地相互交汇在这片神奇的土地上,浙江为新时代新思想的萌发、形成和发展提供了丰富的实践土壤。全景式、立体式展示浙江的探索实践，科学全面总结浙江的经验，对于学深悟透党的创新理论，用习近平新时代中国特色社会主义思想武装全党、教育人民具有重大意义。让我们不负梦想、不负时代，坚定不移地推进"八八战略"再深化、改革开放再出发，为建设社会主义现代化强国、实现中华民族伟大复兴的中国梦作出更大贡献。

感谢专家王永昌教授、胡坚教授、盛世豪教授、刘亭教授、张彦教授、宋学印特聘研究员对本系列教材的指导和统稿，感谢浙江大学党委宣传部、浙江大学继续教育学院（全国干部教育培训浙江大学基地）、浙江省习近平新时代中国特色社会主义思想研究中心浙江大学基地、浙江大学中国特色社会主义研究中心、浙江大学马克思主义学院、浙江大学出版社对本系列教材的大力支持，感谢各位作者的辛勤付出。由于时间比较仓促，书中难免有不尽完善之处，敬请读者批评指正。

是为序。

"新思想在浙江的萌发与实践"
系列教材编委会
二〇二一年十二月

前　言

"数字浙江是全面推进我省国民经济和社会信息化、以信息化带动工业化的基础性工程。"2003 年 1 月浙江省十届人大一次会议上，时任浙江省委书记习近平作出了建设"数字浙江"的战略部署。2003 年 7 月，浙江省委十一届四次全体（扩大）会议召开，"数字浙江"建设进一步纳入"八八战略"，成为浙江省经济社会发展总纲领的重要内容。随后浙江省制定出台了《数字浙江建设规划纲要（2003—2007 年）》，从传统产业信息化改造、电子政务建设、数字城市建设、农村与农业信息化、优先发展信息产业、加强人才培育与信息化环境建设等六个方面，明确了奋斗目标和建设任务。2003 年作为数字浙江建设的元年，正式开启了浙江以信息化推动经济社会转型发展的序幕。

2003 年 7 月以来，浙江历届省委省政府坚持践行"八八战略"，特别是党的十八大以来，贯彻落实习近平总书记关于网络强国、数字中国的重要论述，持续深化推进数字浙江建设。2014 年 1 月，浙江省委省政府提出大力发展以互联网为核心的信息经济，将其列为支撑浙江未来发展的七大万亿级产业之首。2016 年 11 月，浙江获批成为首个国家信息经济示范区。2017 年 12 月，浙江省委经济工作会议提出，实施数字经济"一号工程"，全面推进经济数字化转型。2019 年 10 月，浙江入选全国首批"国家数字经济创新发展试验区"。2021 年 2 月，浙江召开全省数字化改革大会，全面推进党政机关整体智治、数字政府、数字经济、数字社会、数字法治系统建设,数字赋能决策、服务、执行、监督和评价履职全周期。2021 年 7月,在《浙江高质量发展建设共同富裕示范区实施方案》中,浙江明确要"大力建设全球数字化变革高地"。

20 世纪中期以来,在经济全球化迅猛发展的同时,新一轮科技革命和产业变革扑面而来。在"百年未有之大变局"下,中国作为一个和平崛起的发展中大国,必须紧紧抓住这一历史性的机遇迎头赶上、搏浪进击。习近平同志在浙江工作期间提出的建设"数字浙江"的一系列理念、决策和实践,都对以后党和国家形成建设"数字中国、智能社会""加快数字化发展"的重要决策,以及"发展数字经济,推进数字产业化和产业数字化""加强数字社会、数字政府建设"等战略部署,产生了重要而深远的影响,也构成了习近平新时代中国特色社会主义思想体系的重要组成部分。

本书采用理论与实践、历史与逻辑、数据与案例相结合的方式,将习近平同志在建设"数字浙江"进程中的相关论述及后续实践,做了一个总体性的回顾和总结。其中不但系统地描摹了在一个省域"一张蓝图绘到底"的发展过程,更揭示了数字中国的理念和实践,如何从一个省域萌发并上升到国家层面的演进逻辑,这将有助于我们完整、准确、全面地理解和把握习近平新时代中国特色社会主义思想体系的相关理论,从而积极主动地投身全球数字化变革的大潮,赢取中国高质量发展、推进现代化的丰硕成果。

本书正文由总论(第一章)和三部分分论组成。三部分分论分别为数字经济(第二、三章)、数字政府(第四、五章)和数字社会(第六、七章)。编写组由浙江省政府咨询委员会、杭州电子科技大学、之江实验室和浙江经济信息中心抽调力量组成,刘亭、陈畴镛负责统筹、审核并分别撰写了前言和后记。正文第一章由陈畴镛执笔，第二章至第三章由辛金国、金洁、李慧、陈知然、傅啸等执笔，第四章至第五章由董波、包芊颖、覃缘琪等执笔，第六章至第七章由林崇责、杜伟杰、邱靓、吴雨馨等执笔，全书由陈畴镛统稿。

在此感谢"新思想在浙江的萌发与实践"系列教材编委会的组织与指导，感谢浙江大学出版社的编辑与校对，感谢编写组团队的辛勤付出。对于本书可能存在的失误和疏漏，我们深表歉意，并会在今后的工作中力求避免。敬请各位读者批评指正。

刘　亭

2022 年 3 月

目　录

我在党的十九大报告中提出要建设网络强国、数字中国、智慧社会,党的十九届三中全会提出要加强和优化党对网信工作的领导。这是党中央从党和国家事业发展全局出发作出的重大决策。

　　我国经济已由高速增长阶段转向高质量发展阶段,要充分发挥信息化对经济社会发展的引领作用。上世纪八十年代,我在河北正定工作时就提出"科技是关键,信息是灵魂",把信息工作摆在重要位置上。后来,我到福建、浙江工作,相继提出建设"数字福建""数字浙江",就是希望给地区发展装上信息化的引擎,实现跨越发展。

　　　　——摘自习近平总书记《在全国网络安全和信息化工作会议上的讲话(2018 年 4 月 20 日)》①

第一章　数字中国的要义与浙江溯源

◆ 本章要点

　　1.党的十八大以来,习近平总书记关于网络强国、数字中国发表的一系列重要论述,是习近平新时代中国特色社会主义思想的重要组成部分。建设数字中国是适应我国发展新的历史方位,全面贯彻新发展理念,以信息化培育新动能,用新动能推动新发展,以新发展创造新辉煌的战略部署。推进数字中国建设是贯彻落实新思想的重要任务,是开启国家信息化发展新阶段的战略使命,是开启全面建设现代化国家新征程的必由之路。数字经济、数字政

---

　　①　习近平.在全国网络安全和信息化工作会议上的讲话(2018 年 4 月 20 日)[M]//中共中央党史和文献研究院.习近平关于网络强国论述摘编.北京:中央文献出版社,2021:8,135.

府、数字社会是数字中国的重要内容,三者互为支撑、彼此渗透、相互交融。

2.习近平同志在浙江工作期间,提出了"数字浙江"建设的决策部署,并作为"八八战略"的重要内容加快推进。浙江成为全国最早作出以信息化带动工业化、推进国民经济和社会信息化的省份之一。党的十八大以后,习近平总书记每次到浙江考察,都有关于信息化和数字化发展的重要指示。习近平总书记关于网络强国、数字中国重要论述的形成,其中很多方面来源于浙江的生动实践。

3.浙江高水平建设"数字浙江",实施数字经济"一号工程"引领高质量发展,深化数字政府建设,促进治理能力现代化,推进数字社会建设,增强人民群众获得感、幸福感、安全感,用实际行动探索和印证了习近平总书记关于网络强国、数字中国重要论述的重大理论引领价值和实践指导作用。

党的十八大以来,以习近平同志为核心的党中央高度重视网络强国、数字中国建设,统筹协调政治、经济、文化、社会、军事等领域网络安全和信息化重大问题,作出一系列重大决策、实施一系列重大举措。习近平总书记关于网络强国、数字中国发表了一系列重要论述,从党和国家事业全局出发,科学分析了世界信息化变革趋势和我国肩负的历史使命,深刻回答了事关我国网信事业与经济社会发展的一系列重大理论和实践问题,是习近平新时代中国特色社会主义思想的重要组成部分。在2016年网络安全和信息化工作座谈会、2018年全国网络安全和信息化工作会议等场合,习近平总书记多次指出,网信事业代表着新的生产力、新的发展方向,应该在践行新发展理念上先行一步。要围绕建设现代化经济体系、实现高质量发展,加快信息化发展,整体带动和提升新型工业化、城镇化、农业现代化发展。

第一节　数字中国的内涵要义

2015 年 12 月,国家主席习近平在浙江乌镇召开的第二届世界互联网大会开幕式上的讲话中提出了推进"数字中国"建设,对国家信息化发展作出了新的战略部署,成为新时代推进国家信息化发展的重要指引。在致第四届世界互联网大会的贺信中,国家主席习近平指出:"中共十九大制定了新时代中国特色社会主义的行动纲领和发展蓝图,提出要建设网络强国、数字中国、智慧社会,推动互联网、大数据、人工智能和实体经济深度融合,发展数字经济、共享经济,培育新增长点、形成新动能。"[①]习近平总书记的重要论述,擘画了数字中国建设蓝图,为数字中国建设指明了发展方向,提供了根本遵循。

一、数字中国的内涵与意义

党的十九届五中全会通过的《中共中央关于制定国民经济和社会发展第十四个五年规划和二〇三五年远景目标的建议》,明确提出"加快数字化发展"的要求。《中华人民共和国国民经济和社会发展第十四个五年规划和 2035 年远景目标纲要》第五篇以一个篇章的内容部署了"加快数字化发展　建设数字中国"的任务,提出要"迎接数字时代,激活数据要素潜能,推进网络强国建设,加快建设数字经济、数字社会、数字政府,以数字化转型整体驱动生产

---

① 习近平.致第四届世界互联网大会的贺信(2017 年 12 月 3 日)[N].人民日报,2017-12-04(1).

方式、生活方式和治理方式变革"。数字经济、数字社会、数字政府是数字中国的重要组成部分,三者互为支撑、彼此渗透、相互交融。

推进数字中国建设是贯彻落实习近平新时代中国特色社会主义思想的重要任务。信息化改变了世界的竞争方式和格局,决定着一个国家的发展水平和国际竞争能力。党的十八大以来,以习近平同志为核心的党中央高度重视信息化发展,加强顶层设计、总体布局。习近平总书记指出,"世界各大国均把信息化作为国家战略重点和优先发展方向,围绕网络空间发展主导权、制网权的争夺日趋激烈,世界权力图谱因信息化而被重新绘制","信息化为中华民族带来了千载难逢的机遇","信息化为我国抢占新一轮发展制高点、构筑国际竞争新优势提供了有利契机"①。

党的十九大描绘了决胜全面建成小康社会、开启全面建设社会主义现代化国家新征程、实现中华民族伟大复兴的宏伟蓝图,其中包括了对建设网络强国、数字中国、智慧社会作出的战略部署。数字中国是国家信息化发展的新阶段,加快数字中国建设,是贯彻落实习近平新时代中国特色社会主义思想的必然要求和重要任务。

推进数字中国建设是开启国家信息化发展新阶段的战略使命。近年来全球新一代信息技术快速发展和广泛应用,人类正在从工业社会迈向信息社会,数字经济成为全球经济增长的重要动能,深刻地改变了信息化发展环境和推进模式。我国信息化发展进入了数字化、网络化、智能化的新阶段。数字化不仅是解放和发展社会生产力的强大动能,而且是推动社会生产关系与上层建筑

---

① 习近平.在全国网络安全和信息化工作会议上的讲话(2018年4月20日)[M]//中共中央党史和文献研究院.习近平关于网络强国论述摘编.北京:中央文献出版社,2021:41-42.

发生系统性深刻变革的巨大力量。加快数字中国建设,从国家层面对中国信息化进行顶层设计和统筹部署,有利于更好地认清发展阶段、找准发展定位、创新推进模式,更好更快地推进国家信息化加速发展。正如习近平总书记指出的:"加快数字中国建设,就是要适应我国发展新的历史方位,全面贯彻新发展理念,以信息化培育新动能,用新动能推动新发展,以新发展创造新辉煌。"①

推进数字中国建设是开启全面建设现代化国家新征程的必经之路。信息化是"四化"同步发展的加速器、催化剂,以信息化发展整体带动和提升新型工业化、城镇化、农业现代化发展。全面建设现代化国家,迫切需要以数字中国建设统筹推进经济、政治、文化、社会、生态文明等各领域信息化融合发展。信息化与"五位一体"总体布局有着紧密联系,对促进经济创新发展、促进民主政治建设、促进先进文化发展、促进民生改善和社会和谐、促进生态文明建设有着重要的引领作用②。当前,5G、物联网、人工智能、工业互联网等新型基础设施加快部署,数据资源作为数字经济关键生产要素的作用不断增强,数字变革对生产方式、生活方式、治理方式的影响日益显现。推进数字中国建设,加快数字经济、数字社会、数字政府建设,是实现第二个一百年奋斗目标的必由之路和重要抓手。

二、以数字经济为新动能推动新发展

数字经济的概念最早出现在 1995 年美国经济学家唐·泰普斯科特(Don Tapscott)所著的《数字经济:网络智能时代的前景和

---

① 习近平.致首届数字中国建设峰会的贺信(2018 年 4 月 22 日)[M]//中共中央党史和文献研究院.习近平关于网络强国论述摘编.北京:中央文献出版社,2021:46.

② 陈畴镛.将信息化融入"五位一体"总体布局[N].人民日报,2017-01-20(7).

风险》书中。该书作者指山信息技术的数字革命使数字经济成为基于人类智力联网的新经济,随后美国等发达国家逐步采用这个概念作为国家战略。进入 21 世纪以来,我国更多采用了含义类似的信息经济这个概念。在习近平总书记的大力倡导下,2016 年 9 月召开的 G20 杭州峰会首次提出全球性的《二十国集团数字经济发展与合作倡议》。作为"二十国集团创新增长蓝图"四大行动之一,发展数字经济已成为世界各国获取经济增长新空间的共识,数字经济成为全球经济增长的关键动力。2016 年 10 月,习近平总书记指出:"世界经济加速向以网络信息技术产业为重要内容的经济活动转变。我们要把握这一历史契机,以信息化培育新动能,用新动能推动新发展。要加大投入,加强信息基础设施建设,推动互联网和实体经济深度融合,加快传统产业数字化、智能化,做大做强数字经济,拓展经济发展新空间。"①此后,习近平总书记多次强调要加快发展数字经济,"在以信息化培育新动能方面,要加快推动数字产业化,发挥互联网作为新基础设施的作用,发挥数据、信息、知识作为新生产要素的作用,依靠信息技术创新驱动,不断催生新产业新业态新模式,用新动能推动新发展。在改造提升传统动能方面,要推动产业数字化,利用互联网新技术新应用对传统产业进行全方位、全角度、全链条的改造,提高全要素生产率,释放数字对经济发展的放大、叠加、倍增作用。要推动互联网、大数据、人工智能和实体经济深度融合,加快制造业、农业、服务业数字化、网络化、智能化"②。

---

① 习近平.在主持十八届中央政治局第三十六次集体学习时的讲话[N].人民日报,2016-10-10(1).

② 习近平.在全国网络安全和信息化工作会议上的讲话(2018 年 4 月 20 日)[M]//中共中央党史和文献研究院.习近平关于网络强国论述摘编.北京:中央文献出版社,2021:136.

数字经济是指以数据资源为关键生产要素，以现代信息网络为主要载体，以信息通信技术融合应用、全要素数字化转型为重要推动力，促进效率提升和经济结构优化的新经济形态。当前，新一轮科技革命和产业变革席卷全球，数字技术与实体经济集成融合，产业数字化应用潜能迸发释放，数字化新模式新业态不断涌现。数字技术快速迭代演进是数字经济创新发展的根本动力，数字产业化和产业数字化加速重塑人类经济生产和生活形态，形成新的生产力，是数字经济的主要内容。数字化治理引领生产关系深刻变革，是数字经济发展的坚强保障。中国信息通信研究院发布的《中国数字经济发展白皮书（2021年）》显示[①]，尽管受到了新冠肺炎疫情的影响，2020年我国数字经济增加值规模仍达39.2万亿元，占GDP比重达到38.6%，按照可比口径计算，2020年我国数字经济名义增长9.7%，高于同期GDP名义增速约6.7个百分点，数字经济在国民经济中的地位进一步凸显。数字经济蓬勃发展催生了新产业、新业态、新模式的不断涌现，极大地降低了社会交易成本，提高了资源优化配置效率，推动了社会生产力的快速发展。

聚焦信息领域核心技术突破，以数字技术创新推进创新驱动战略。数字经济是网络强国和数字中国战略的重要支撑，而创新能力和核心技术则是根本基石。习近平总书记指出，"实现核心技术突破必须走自主创新之路。真正的核心技术是花钱买不来的、市场换不到的"[②]。"十三五"期间，我国"天眼"望天，"蛟龙"探海，

[①]　中国信息通信研究院.中国数字经济发展白皮书（2021年）[R/OL].（2021-04-24）[2021-10-20].www.caict.ac.cn/kxyj/9wfb/bp5/202104/po20210424737615413306.pdf.

[②]　习近平.在全国网络安全和信息化工作会议上的讲话（2018年4月20日）[M]//中共中央党史和文献研究院.习近平关于网络强国论述摘编.北京：中央文献出版社，2021：115.

超级计算机竞逐榜首,北斗导航全球组网,5G 网络加速成型,科技创新驱动发展成果与广阔的应用场景交汇融合,支撑我国经济高质量发展取得新成效。中国已取得全球数字经济应用领域的先发优势和比较优势,但并未取得核心优势和绝对优势,基础研究、原始创新和基础产业与国际先进水平相比差距还较大。推进数字经济持续创新发展,必须进一步突破占据制高点的自主可控核心技术,集中力量开展核心技术、非对称技术、"撒手锏"技术、颠覆性技术等战略性前沿技术攻关;加大数字技术创新所需的人才培养、资金投入、体制建设等资源投入,逐步提高核心技术的掌控力。

数字产业化通过数字技术创新催生新动能,释放数字对经济发展的放大、叠加、倍增作用。数字产业化代表了新一代信息技术的成果转化和产业发展,伴随着技术的创新突破,新理论、新硬件、新软件、新算法层出不穷,软件定义、数据驱动的新型数字产业体系正在加速形成。培育壮大数字产业,完善信息通信、软件服务等数字产业链,推动大数据、人工智能、数字金融等产业发展。以技术壁垒和用户规模为核心形成的平台型企业是全球数字经济的显著特征,在产业竞争生态化趋势下,需要培育一批数字经济平台型企业,打造"平台型企业＋独角兽"的孵化生态,加速形成富有吸引力和竞争力的数字经济生态圈。数字产业需要大规模协作和实时化联动,需要建设数字产业重大平台,培育数字经济创新驱动的孵化器、创客空间及特色小镇,提升数字经济集聚能级。

产业数字化利用数字技术全方位、全角度、全链条赋能传统产业,推动实体经济发生深刻变革。互联网、大数据、人工智能等新一代信息技术与实体经济深度融合,智能化新生产方式加快到来,推动供给侧结构性改革,促进就业结构与就业方式的变革。数字技术改变传统产业运行逻辑,从全方位、全领域、全链条进行数字化改造和赋能。加快制造业数字化转型,构建工业互联网网络、平台和安全体系,建设智能工厂、智能车间,发展普惠性"上云用数赋智",大力推进传统制造业数字化转型和智能化改造,提高全要素生产率。加快服务业数字化转型,纵深推进工艺设计、现代物流、金融服务等生产性服务业数字化,发展智慧旅游、智慧健康等生活性服务业新业态。加快农业数字化转型,推广数字化农业技术,普及农业智能化生产、网络化经营,重塑农村传统生产模式和经营模式。

创新与生产力发展相适应的数字化治理机制,构建数字经济新型生产关系。首先,打破制约生产力发展的政策障碍和体制瓶颈,构建包容审慎的监管机制和多元共治的协同治理机制,优化数字经济生态系统,推动数字化生产力发展。其次,应加强数字经济相关法律法规"立改废释",围绕数据所有权使用权流转权等制定法律法规或部门规章,及时废止阻碍数字经济新业态发展的政策条款;加强政府公共数据开放,实行政务数据开放共享"负面清单"管理,推进公共数据资源分级分类、依法有序开放;加强市场监管制度供给,建立以信用为基础的数字经济市场监管机制,利用大数据、人工智能等技术手段建立快速响应的监管反馈机制。

三、建设数字政府,推进治理体系和治理能力现代化

推进数字政府建设是党和国家制定的重要战略,习近平总书记指出:"当前,以互联网、大数据、人工智能为代表的新一代信息技术日新月异,给各国经济社会发展、国家管理、社会治理、人民生活带来重大而深远的影响。各国需要加强合作,深化交流,共同把握好数字化、网络化、智能化发展机遇,处理好大数据发展在法律、安全、政府治理等方面挑战。"①党的十九届四中全会明确要求,"建立健全运用互联网、大数据、人工智能等技术手段进行行政管理的制度规则。推进数字政府建设,加强数据有序共享"。数字政府作为数字中国的有机组成部分,不仅是推动数字中国建设、实现经济高质量发展的重要支撑,更是推动政府治理现代化的重要动能。数字政府是运用互联网、大数据、人工智能等信息技术,以打造整体高效的决策运行体系、优质便捷的普惠服务体系、全域智慧的协同治理体系、开放共享的数据治理体系、智能安全的技术支撑体系为重点,形成"用数据决策、用数据服务、用数据创新"的现代化治理模式。就其本质而言,数字政府就是政府管理模式、运行机制和治理方式的数字化、智慧化。建设数字政府,是推进政府治理体系和治理能力现代化的必由之路。

打造整体高效的决策运行体系,实现数据驱动的政府治理新机制新模式。数据是政府治理的重要依据,通过数据驱动治理打造"整体政府",突破部门"各自为政"的局面,要求部门在确定事项的受理条件、办理标准、业务流转、数据共享等内容时,建立起协同高效、上下联动的政务服务业务流程。以大平台、大数据、大系统、大集成为导向,努力打破部门在权力、数据、信息上的本位主义,以整体协同的理念对传统部门分散、割裂的流程进行整合优化,提供"一站式"数字政务服务。数字政府建设需要加快推动大数据与政府治理特别是决策方式深度融合,增强政府决策的科学性、预见性和精准性。应用数字化理念、方法、手段感知经济社会态势、畅通

① 习近平.向 2018 中国国际大数据产业博览会致贺信[EB/OL].(2019-05-26)[2021-10-29].http://www.xinhuanet.com/politics/leaders/2019-05/26/c_1124542854.htm? agt=918.

沟通渠道、辅助科学决策,实现政府决策科学化、社会治理精准化、公共服务高效化,提升政府履职的制度化法治化水平。在新冠肺炎疫情防控中,大数据等信息技术被广泛运用于人员流动轨迹描绘、病毒基因分析、医疗卫生资源调配、区域疫情发展趋势预测等工作中,对地方各级政府疫情防控的决策、组织、动员等工作发挥了强有力的支撑作用。

强化优质便捷的普惠服务体系,有效提升政务服务水平。在相当长的一段时间里,政府决策不科学、服务水平不高,尤其是行政审批程序烦琐复杂、行政效率不高,群众办事跑腿多、满意度低,是我国各级政府治理存在的主要问题。同时,随着经济社会快速发展,群众对政府服务需求越来越高,政府需要践行以人民为中心的理念,注重从用户的角度来设计和优化政务服务流程和应用,而政府数字化转型正是强化政府服务、提升行政效能、推动政府职能转变的重要抓手。通过共享数据资源,减事项、减环节、减材料、减时间,只有让数据多跑路,让群众少跑腿甚至不跑腿,才能不断提高群众的获得感和满意度。截至 2020 年 12 月,我国互联网政务服务用户规模达 8.43 亿,占网民整体的 85.3%;全国一体化政务服务平台实名用户总量达 8.09 亿,其中国家平台注册的个人用户达 1.88 亿[①],推动了更多政务服务事项从"线下跑"转向"网上办",全方位提升了网上政务服务能力和水平。各地区将政务服务平台建设作为区域发展"软环境"的重要标杆,优化办事流程、创新服务方式、简化办理程序,以网上服务打造便企利民贴心服务的新名

---

① 中国互联网络信息中心(CNNIC).第 47 次中国互联网络发展状况统计报告[R/OL].(2021-02-03)[2021-10-29].http://www.cac.gov.cn/2021-02/03/c_161392342307-9314.htm.

片。开放的政务数据平台,高效、精准、便捷、丰富的公共服务,提升了人民群众的认同感、获得感,已成为政府公共服务的重要载体和主要渠道。

构建全域智慧的协同治理体系,大力提升政府履职效能。数字政府建设的重点是实现政府管理职能与运行机制的数字化,推进经济调节、市场监管、公共服务、社会治理、环境治理、政府运行"六位一体"数字化转型。推进经济调节数字化,需要推进经济运行数字化、统计监测数字化、政府决策数字化;推进市场监管数字化,需要构建基于"大数据+云计算"的市场主体监管模式,建立跨部门联动响应的公共信用评价、奖惩与监管机制;推进公共服务数字化,需要加快推进"大数据+公共服务",加强公共服务的供给侧结构性改革;推进社会治理数字化,需要实现联动式协同、可视化指挥、智慧化分析以及闭环式管理;推进环境治理数字化,需要围绕基本生态元素建立"天—空—地"组网实时在线监测体系;推进政府运行数字化,需要针对突出症结制定针对性、操作性和实效性强的解决方案。通过数据驱动打造"透明政府""廉洁政府",有助于提升政府办事的透明度和依法行政能力,推动权力在阳光下运行。

四、建设数字社会,提高人民群众获得感、幸福感、安全感

习近平总书记指出:"要运用大数据促进保障和改善民生。大数据在保障和改善民生方面大有作为。要坚持以人民为中心的发展思想,推进'互联网+教育'、'互联网+医疗'、'互联网+文化'等,让百姓少跑腿、数据多跑路,不断提升公共服务均等化、普惠化、便捷化水平。"①广义的数字社会,是与农业社会、工业社会相对

---

① 习近平.在十九届中央政治局第二次集体学习时的讲话[EB/OL].(2017-12-09)[2021-10-20].http://www.gov.cn/xinwen/2017-12/09/content_5245520.htm.

应的一个概念,对人类和世界的影响极其广泛而多样。与数字经济、数字政府相对应的数字社会概念,是充分运用互联网、物联网、云计算、大数据、人工智能等新一代信息技术,实现信息网络泛在化、基础设施智能化、公共服务普惠化、社会治理精细化的社会形态。

拓展数字化公共服务,数字红利惠及百姓。加快普及信息化服务,利用数字技术改善民生,为群众提供用得上、用得起、用得好的信息服务,是顺应群众期待、满足群众需求、促进社会和谐的有效途径。以数字化、网络化、智能化提高全社会基本公共服务的覆盖面和均等化水平,构建立体化、全方位、广覆盖的社会信息服务体系。运用数字技术解决社会公共问题,深度开发各类便民应用,加快发展数字教育、数字医疗、数字社保、数字就业等,推进信息惠民。数字教育放大了优质教育资源的辐射作用,缩小了教育差距,抗击疫情时期的"云课堂"为 2.65 亿大中小学在校生提供线上课程学习。依托互联网的远程医疗服务,优化了医疗资源配置,缓解了优质医疗资源供不应求的问题。公共就业信息服务平台实现就业信息全国联网,就业大数据为人们找到更好更适合自己的工作提供全方位的支撑和帮助。要构建符合我国国情的数字素养教育框架,加强数字技能普及培训,积极营造数字文化氛围,提高全民数字化能力。

加快数字化管理平台与群智感知技术相结合,实现社会治理精细化。在市场监管、环境监管、信用服务、应急保障、治安防控、公共安全等社会治理领域,通过新一代信息技术的应用,建立和完善相关信息服务体系,不断创新社会治理方式。构建全面设防、一体运作、精确定位、有效管控的社会治安防控体系,整合各类视频图像信息资源,推进公共安全视频联网应用,智能警务、智能安防大幅提升社会安全水平。在食品药品、消费品安全等领域,具有溯源追查、社会监督等功能的市场监管信息服务体系不断完善。征信信息系统在整合信贷、纳税、履约、参保缴费和违法违纪等信用信息记录后不断完善,为建设诚信社会提供重要保障。建立环境信息智能分析系统、预警应急系统和环境质量管理公共服务系统,构建"天地一体化"的生态环境监测体系,对重点地区、重点企业和污染源实施智能化远程监测。在抗击新冠病毒的战斗中,基于网络和大数据分析技术建设"数字防疫系统",具备疫情信息实时播发、迁徙地图关联查询等功能,助力精准防控、精细管理、数字战"疫"。

推进基础设施智能化,打造新型智慧城市和数字乡村。以5G、大数据、云计算、人工智能、工业互联网为代表的"新基建",将以其高速、宽带、泛在、大容量、低能耗、万物互联的巨大潜能,大大降低人类活动的时间代价、空间限制和能耗成本,给人类社会的生产关系和生活方式带来革命性变化。智慧城市是以数字化、网络化和智能化的信息技术设施为基础,以社会、环境、管理为核心要素,以泛在、绿色、惠民为主要特征的现代化城市。依托"城市大脑"构建智能化治理体系,强化数字技术在城市规划、建设、治理和服务等领域的应用,推进智慧交通、智慧安防、智慧物流、智慧社区、智慧水利等建设,提升城市管理科学化、精细化、智能化水平。加大农村互联网建设力度,扩大光纤网、宽带网在农村的有效覆盖,建设宽带乡村,建设数字乡村。加快农村管理服务数字化进程,构建涉农信息普惠服务机制,提升农民生活数字化服务水平。

第二节　数字中国的浙江溯源

习近平总书记关于网络强国、数字中国重要论述的形成,其中很多方面来源于浙江信息化数字化引领现代化的生动实践。浙江是全国最早作出以信息化带动工业化、加快推进国民经济和社会信息化决策的省份之一。习近平同志在浙江工作期间,提出了"数字浙江"建设的决策部署,并作为"八八战略"的重要内容加快推进,出台了《数字浙江建设规划纲要(2003—2007 年)》,实施"百亿信息化建设工程",信息化在转变经济增长方式、提升政府管理效能、提高人民生活品质等方面发挥了重要作用。党的十八大以后,习近平总书记每次到浙江考察,都有关于信息化和数字化发展的重要指示。习近平总书记在全国网络安全和信息化工作会议上的重要讲话中,先后提到了"数字浙江"、"最多跑一次"改革、世界互联网大会等与浙江信息化有关的内容,充分体现了对浙江的关心和厚望。

一、从以信息化带动工业化到发挥信息化对经济社会发展的驱动引领作用

在浙江工作期间,习近平同志就反复强调,"信息化是世界经济社会发展的大趋势","在信息时代,科学技术对生产力发展产生带来的是幂数效应","主动把握信息化的实践进程,是顺应时势的需要,是与时俱进的表现,也是我们加快实现工业化和现代化的必然选择"。2003 年 1 月,在浙江省十届人大一次会议上,习近平同志指出:"数字浙江是全面推进我省国民经济和社会信息化、以信

息化带动工业化的基础性工程。"①

2003 年 7 月,浙江省委召开十一届四次全体(扩大)会议,习近平同志在总结浙江经济社会多年发展经验的基础上,全面系统地阐释了浙江发展的八个方面优势,提出了指向未来的八个方面举措(简称"八八战略"),其中包括进一步发挥浙江块状特色产业优势,加快先进制造业基地建设,走新型工业化道路,坚持以信息化带动工业化,推进"数字浙江"建设②。按照习近平同志的指示,2003 年 9 月,浙江省出台了《数字浙江建设规划纲要(2003—2007年)》,明确"数字浙江"的建设核心是以信息化带动与提升浙江工业现代化,发挥信息技术在现代化建设中的推动作用,实现社会生产力的跨越式发展,提出了传统产业信息化改造、电子政务建设、数字城市建设、农村与农业信息化、优先发展信息产业、人才培育和信息化环境建设等六大主要任务。

全面实施"五大百亿"工程是习近平同志在浙江工作期间所作出的重大决策。"五大百亿"工程首次将信息化建设列为省级重大工程。2003—2007 年全省以电子政务信息系统建设和全省通信网络基础设施建设为重点,累计完成投资 526 亿元,有力改善了浙江的通信网络基础设施条件及政务处理信息化、网络化水平。2005年 4 月,习近平同志在考察时指出要进一步增强加快发展信息技术、信息产业并推进信息化的紧迫感和责任感,把建设"数字浙江"作为一项战略性任务、基础性工作、主导性政策研究好、落实好,把信息产业特别是软件业、通信业作为我省结构调整和增长方式转

---

① 习近平.政府工作报告(2003 年 1 月 16 日在浙江省第十届人民代表大会第一次会议上)[J].浙江政报,2003(4):4-16.

② 习近平.兴起学习贯彻"三个代表"重要思想新高潮　努力开创浙江各项事业新局面——在省委十一届四次全体(扩大)会议上的报告[J].今日浙江,2003(14):4-13.

变的一个重要突破口引导好、发展好,努力使信息产业发展和信息化建设继续走在前列。

党的十八大以来,习近平总书记高度重视网络安全和信息化事业,统筹协调涉及政治、经济、文化、社会、军事等领域信息化和网络安全重大问题,作出一系列重大决策,提出一系列重大举措,推动网信事业取得历史性成就。2015 年 5 月,习近平同志担任总书记后第一次到浙江考察期间,来到以数字科技创新获得全球视频安防领域领先优势的杭州海康威视公司,察看产品展示和研发中心,对他们拥有业内领先的自主核心技术表示肯定,要求不断增加创新研发投入,加强创新平台建设,培养创新人才队伍,促进创新链、产业链、市场需求有机衔接,争当创新驱动发展先行军。

世界互联网大会乌镇峰会,是习近平总书记为浙江数字化发展搭建的一个平台。从发来贺词,到出席开幕式并发表主旨演讲或通过视频发表重要讲话,习近平总书记对每届大会都给予瞩望。2015 年 12 月,习近平总书记亲自出席第二届世界互联网大会开幕式并发表主旨演讲,指出"举办世界互联网大会,就是希望搭建全球互联网共享共治的一个平台,共同推动互联网健康发展"[①]。在主旨演讲中,习近平总书记率先提出推进全球互联网治理体系变革应坚持的"四项原则",就共同构建网络空间命运共同体提出"五点主张",赢得了世界绝大多数国家赞同,"乌镇声音"成为引领互联网国际合作的友谊之声。总书记在乌镇视察"互联网之光"博览会,观看国内外重点网信企业最新技术产品等成果,同企业家们亲

---

① 习近平.在第二届世界互联网大会开幕式上的讲话[M]//习近平.论党的宣传思想工作.北京:中央文献出版社,2020:175.

切交谈。

2016年9月,习近平总书记再次来到浙江,主持二十国集团领导人杭州峰会,把创新增长方式设定为杭州峰会重点议题,推动通过了《二十国集团数字经济发展与合作倡议》。在二十国集团工商峰会开幕式上的主旨演讲中专门提到,"杭州是创新活力之城,电子商务蓬勃发展,在杭州点击鼠标,联通的是整个世界"①,形象生动地介绍了杭州在数字化发展中取得的成效和优势。

2020年春天,习近平总书记又一次到浙江考察,明确指出:"要抓住产业数字化、数字产业化赋予的机遇,加快5G网络、数据中心等新型基础设施建设,抓紧布局数字经济、生命健康、新材料等战略性新兴产业、未来产业,大力推进科技创新,着力壮大新增长点、形成发展新动能。"②从以信息化带动工业化到发挥好数字化对经济社会发展的驱动引领作用,习近平总书记的指示,为建设网络强国、数字中国,特别是数字浙江提供了根本遵循。

二、从加强互联网利用管理到推动治理能力现代化

在浙江工作期间,习近平同志就高度重视互联网建设和管理问题,对多方面提出要求,包括从意识形态领域加强引导和治理监管、从组织机构和体制机制上加强保障等。互联网是思想文化斗争的重要阵地,国内外敌对势力正竭力利用它对我们展开舆论攻势,进行思想文化渗透,与我们争夺群众尤其是青少年和知识

①　习近平. 在二十国集团工商峰会开幕式上的主旨演讲[EB/OL]. (2016-09-03)
[2021-10-30]. http://news.cctv.com/2016/09/03/ARTIQQ2cp4PYTGchxoFPkXah160-
903.shtml.

②　习近平. 在浙江考察时强调统筹推进疫情防控和经济社会发展工作　奋力实现今年经济社会发展目标任务[EB/OL]. (2020-04-01)[2021-10-30]. http://www.xinhuanet.com/2020-04-01/c_1125799612.htm.

分子。我们在互联网的建设和管理等方面采取了一些措施,但还存在不少缺陷,对互联网、手机资源的合理利用和有害信息的有效监管亟待加强。只有加强互联网等新兴媒体的管理,让管理适应先进传播技术的发展,积极主动地引导网上舆论,建立健全管理体制,才能使得互联网更快更好地发展,以及更多更好地为我所用。

习近平总书记高度重视运用信息化手段推进政务公开、党务公开,加快推进电子政务,构建全流程一体化在线服务平台,更好解决企业和群众反映强烈的办事难、办事慢、办事繁的问题。在浙江任省委书记时,习近平同志就十分重视加强网络基础设施建设和信息资源共享利用,在全国率先推进电子政务建设,加大信息网络建设的投入,构建一体化信息网络体系,以电子政务和企业信用信息资源共享为重点和切入点,共同开发建设综合性和专门的共同信息交换平台;加强长三角洲地理信息系统建设的合作,努力实现与沪苏公共主干信息传送网、卫星传送网、部分信息应用系统的联通。

运用大数据、云计算、区块链、人工智能等前沿技术推动政府治理手段、模式和理念创新,建设数字政府,是推进政府治理体系和治理能力现代化的必由之路。对此,习近平总书记高度重视。浙江省充分运用信息技术推行"数字治疫",取得了统筹推进疫情防控和经济社会发展工作的显著成效,得到了习近平总书记的充分肯定。2020 年 3 月 31 日,习近平总书记视察浙江期间,来到杭州城市大脑运营指挥中心,观看了"数字治堵""数字治城""数字治疫"等应用展示,对杭州市运用城市大脑提升交通、文旅、卫健等系统治理能力的创新成果表示肯定。习近平总书记指出:"推进国家治理体系和治理能力现代化,必须抓好城市治理体系和治理能力现代化。运用大数据、云计算、区块链、人工智能等前沿技术推动城市管理手段、管理模式、管理理念创新,从数字化到智能化再到智慧化,让城市更聪明一些、更智慧一些,是推动城市治理体系和治理能力现代化的必由之路,前景广阔。"总书记殷切希望杭州在建设城市大脑方面继续探索创新,进一步挖掘城市发展潜力,加快建设智慧城市,为全国创造更多可推广的经验①。

三、从畅通网络民意到网信事业发展必须贯彻以人民为中心的发展思想

对于网信事业的发展,习近平同志反复强调"必须贯彻以人民为中心的发展思想,把增进人民福祉作为信息化发展的出发点和落脚点,让人民群众在信息化发展中有更多获得感、幸福感、安全感"②。他在浙江工作时期,时刻强调要牢固树立群众利益无小事的思想,围绕人民群众最现实、最关心、最直接的问题,切实维护好人民群众的根本利益,进一步畅通民情反应渠道,利用互联网探索建立一个了解民情民意的网络平台。

到中央工作以后,习近平同志要求各级领导干部要走好网络群众路线,做到常上网,多关注网上民意走向,理性看待网民意见,明辨网上的各类观点、建议、意见,及时回应民情诉求和社会关切。在畅通网络民意的基础上,2016 年 4 月,习近平总书记在网络安全

---

① 习近平.在浙江考察时强调统筹推进疫情防控和经济社会发展工作 奋力实现今年经济社会发展目标任务[EB/OL].(2020-04-01)[2021-10-30]. http://www. xinhuanet. com/2020-04/01/c_1125799612. htm.

② 习近平.在全国网络安全和信息化工作会议上的讲话(2018 年 4 月 20 日)[M]// 中共中央党史和文献研究院.习近平关于网络强国论述摘编.北京:中央文献出版社,2021:25.

和信息化工作座谈会上又提出"网上网下要形成同心圆"①,这意味着要使互联网成为与群众交流沟通的新平台,成为了解群众、贴近群众、为群众排忧解难的新途径以及发扬人民民主、接受人民监督的新途径。从畅通网络民意到网上网下形成同心圆,表明以人民为中心、一切为了人民、一切依靠人民的发展思想贯穿始终。

习近平总书记高度重视网信领域人才发展,"网络空间竞争,归根到底是人才竞争。网信领域是技术密集型、创新密集型领域,千军易得、一将难求,必须聚天下英才而用之。要鼓励国内科研院校、网信企业吸引海外高端人才。要研究制定网信领域人才发展整体规划,推动人才发展体制机制改革,让人才的创造活力竞相迸发、聪明才智充分涌流"②。2015年5月,习近平总书记在杭州海康威视数字技术股份有限公司考察时,对在身边的年轻科研人员表示,人才是最为宝贵的资源,只要用好人才,充分发挥创新优势,我们国家的发展事业就大有希望,中华民族伟大复兴就指日可待③。

2014年11月,首届世界互联网大会在浙江乌镇召开,成为我国在互联网领域具备全球影响力的一个重要标志。2015年12月,国家主席习近平亲自出席第二届世界互联网大会开幕式并发表主旨演讲。国家主席习近平指出:"去年,首届世界互联网大会在这里举办,推动了网络创客、网上医院、智慧旅游等快速发展,让这个

① 习近平.在网络安全和信息化工作座谈会上的讲话(2016年4月19日)[M]//中共中央党史和文献研究院.习近平关于网络强国论述摘编.北京:中央文献出版社,2021:70.

② 习近平.在全国网络安全和信息化工作会议上的讲话(2018年4月20日)[M]//中共中央党史和文献研究院.习近平关于网络强国论述摘编.北京:中央文献出版社,2021:46.

③ 习近平:干在实处永无止境 走在前列要谋新篇[EB/OL].(2018-06-27)[2021-11-05].xinhuanet.com/politics/2015-05/27/c_1115430266_2.htm.

白墙黛瓦的千年古镇焕发出新的魅力。乌镇的网络化、智慧化,是传统和现代、人文和科技融合发展的生动写照,是中国互联网创新发展的一个缩影,也生动体现了全球互联网共享发展的理念。""我们的目标,就是要让互联网发展成果惠及 13 亿多中国人民,更好造福各国人民。"①

第三节　数字中国的浙江实践

浙江贯彻落实习近平新时代中国特色社会主义思想,坚持以"八八战略"为总纲,深入推进"数字浙江"建设,以信息化引领现代化,数字经济创新发展、数字政府深化建设、网络文化滋养社会、信息惠民造福百姓,用实践探索和印证了习近平总书记关于网络强国、数字中国重要论述的重大理论引领价值和实践指导作用。特别是数字赋能为浙江应对疫情防控和经济社会发展这场大战大考披上了坚实的科技铠甲,充分彰显了浙江数字变革带来的澎湃活力。浙江正在高水平建设"数字浙江",奋力打造数字中国建设示范区、全球数字变革新高地。

一、深入实施数字经济"一号工程",引领高质量发展

以互联网、大数据、人工智能为代表的新一代信息技术是新一轮科技革命和产业变革的主导力量,数字经济正在成为推动高质量发展的强大动能。浙江省委省政府审时度势、因势利导,把发展数字经济作为深入实施"八八战略"的关键举措,抢占未来发展制高点的战略选择,在全国各省区市中率先作出大力发展信息经济

①　习近平.在第二届世界互联网大会开幕式上的讲话[EB/OL].(2015-12-16)[2021-11-06].http://www.xinhuanet.com/politics/2015-12/16/c_1117481089.htm.

的决策部署,浙江成为首个建设的国家两化融合示范区和国家信息经济示范区。2017年12月,省委经济工作会议提出实施数字经济"一号工程",全面推进经济数字化转型,积极争创国家数字经济示范省。2019年10月,浙江入选首批国家数字经济创新发展试验区。

数字经济成为浙江高质量发展的主引擎。浙江数字经济总量从2015年的1.48万亿元增加至2020年3.02万亿元,突破3万亿元,占GDP的比重达46.8%。2020年,数字经济核心产业增加值比上年增长13.0%,增速比GDP高9.4个百分点,占比由2015年的7.9%提升至10.9%[①],成为浙江动力转换、结构优化、质量提升的加速器。数字经济新产业、新业态、新产品、新模式方兴未艾。2020年,人工智能产业增加值已占规模以上工业企业的3.9%。新零售、新金融释放了巨大的内需消费潜力,在线设计、网络医疗、远程教育、移动支付、网上银行等新型服务模式全国领先。浙江拥有全球最大的中小企业电子商务平台、网络零售平台,网络零售额由2015年的7611亿元增至2020年的22608亿元,稳居全国第2位,跨境电商交易额居全国第2位,淘宝镇和淘宝村数均居全国第1位[②]。

数字化转型推进供给侧结构性改革成为浙江经济转型升级的主动力。浙江以工业互联网和智能制造为核心推进"两化"深度融合,促进了供给结构的不断优化升级,浙江"产业数字化"指数位列

① 数据来源:中国信息通信研究院.中国数字经济发展白皮书(2021年)[R/OL].(2021-04-24)[2021-10-30].www.caict.ac.cn/kxyj/9wfb/bp5/202104/po2021042473761-5413306.pdf.

② 浙江省统计局."十三五"时期浙江经济社会发展报告[R/OL].(2021-01-27)[2021-10-30].http://tjj.zj.gov.cn/art/2021/1/27/art_1229129214_4441185.html.

全国第一。持续推进"1＋N"工业互联网平台体系建设和"十万企业上云"行动,累计上云企业超过 35 万家,2020 年在役工业机器人11.1 万台[①]。积极培育网络化协同、个性化定制、在线增值服务、分享制造等"互联网＋制造业"新模式,有效提升了实体企业市场需求响应能力和国际竞争优势。

数字经济成为浙江实施创新驱动战略的主阵地。浙江聚焦网络信息等领域战略制高点,建设之江实验室,打造"互联网＋"科技创新高地,大力推动杭州城西科创大走廊、杭州国家自主创新示范区、西湖大学、产业创新综合体等一批创新大平台建设。浙江培育发展数字经济,既体现了政府的引导、推动和激励作用,更突出了市场主体的决定性作用。在政府着力推动下,企业强烈的内在需求和内生动力、对市场信号和压力的快速灵活反应得到了充分释放。

数字经济体制机制创新不断取得新突破。浙江省人大常委会表决通过《浙江省数字经济促进条例》,成为全国第一部以促进数字经济发展为主题的地方性法规,为全国数字经济引领高质量发展的法律规范和立法保障提供了样板。制定电子商务、互联网金融、信用信息管理等相关政策法规,加强数字经济领域的知识产权保护,引导数字经济新业态新模式规范发展。杭州成为全国首个跨境电商综试区以来,全省 11 个设区市实现跨境电商综试区全覆盖,建设经验在全国广泛复制推广。推进电子世界贸易平台(eWTP)全球布局,探索建立数字贸易新规则在"一带一路"沿线国家落地实施。

---

① 浙江省统计局."十三五"时期浙江经济社会发展报告[R/OL].(2021-01-27)[2021-10-30].http://tjj.zj.gov.cn/art/2021/1/27/art_1229129214_4441185.html.

进入新发展阶段，浙江大力推进数字经济"一号工程"2.0版，以工业领域为突破口，以产业大脑为支撑，以数据供应链为纽带，以"未来工厂"、数字贸易中心及未来产业先导区等建设为引领，推动产业链、创新链、供应链融合应用，实现资源要素的高效配置和经济社会的高效协同，形成全要素、全产业链、全价值链全面连接的数字经济运行系统，赋能高质量发展、竞争力提升、现代化先行，努力打造全球数字变革高地。

二、深入推进数字政府建设，全面提升政府治理效能

党的十八大以来，浙江在全国率先上线浙江政务服务网，构建以简政放权为核心的政务生态系统，打造审批事项最少、办事效率最高、投资环境最优的省份。推进"最多跑一次"改革，着力推动部门间政务服务信息共享、协同联动，变"群众跑腿"为"信息跑路"，成为新时代浙江全面深化改革的一张"金名片"。在此基础上，切实推进政府数字化转型，加快数字政府建设，成为奋力打造"重要窗口"的牵动性、创新性、突破性的战略抓手。

政府服务和履职效能大幅提升。近年来，浙江以业务协同、数据共享和流程再造为抓手，着力推进观念转变、职能转变、流程转变，对政府履行经济调节、市场监管、公共服务、社会治理和环境保护五大职能的方式方法进行系统性、数字化重塑，建立健全指标体系、工作体系、政策体系、评价体系，各项工作取得实质性突破，基本建成"掌上办事之省""掌上办公之省"。受国务院办公厅电子政务办公室委托，中央党校（国家行政学院）电子政务研究中心发布了《2021省级政府和重点城市一体化政务服务能力调查评估报告》（以下简称《评估报告》）。《评估报告》显示浙江与上海并列省级政府网上政务服务能力全国首位。《评估报告》指出，浙江省全方位深化政府数字化转型,打造"整体智治、唯实唯先"的现代政府,依托"浙里办"和"浙政钉"两个平台,打造"掌上办事、掌上办公"之省,"浙里办"已实现全部政务服务事项网上可办,集成近500项便民服务,352项民生事"一证通办",40个跨部门"一件事"网上联办,"浙政钉"将100余万名政府工作人员"接入"一个平台进行工作沟通和办公协同,办公效率大大提升①。

数字政府的先发优势转化为治理效能。以数字化变革推进政府职能重塑,推进"8+13"等重大项目建设,多业务协同应用建设全国领先。全省一体化构建投资项目在线审批监管平台3.0版,集成全省原有123个系统投资项目审批功能,围绕减事项、减环节、减材料、减时间、减费用,通过"技术+制度"双轮驱动,实现了一般企业投资项目从赋码备案到竣工验收审批"最多90天",促进了营商环境优化。建成全省统一执法监管数据中心,实现监管数据的"一网共享",成为全国首个实现全省统一使用移动执法App的省份。在疫情防控这场大战大考中,浙江通过"大数据分析+网格化排摸",建立重点人群动态管控库、境外来浙人员数据库,大数据研判主动发现确诊病例占总数的96%以上,依靠大数据率先推出"一图一码一指数",通过数字赋能有效助力疫情精密智控,在全国率先实现复工复产。

公共数据共享开放实现新突破。统筹建设省市一体化架构、分级管理、协同共享的公共数据平台。数据开放力度持续加大,建成电子证照库、人口综合库、法人综合库、信用信息库、自然资源和

---

① 中央党校(国家行政学院)电子政务研究中心.2021省级政府和重点城市一体化政务服务能力调查评估报告[R/OL].(2021-05-26)[2021-10-30].http://zwpg.egovernment.gov.cn/xiazai/2021zwpg.pdf.

空间地理信息库,归集 464.4 亿条数据,在政务服务、行政执法、应急管理等领域发挥重要数据支撑作用。出台实施《浙江省公共数据开放与安全管理暂行办法》,发布了《人口综合库数据规范》《信用信息库数据规范》《可信电子证照管理规范》等一批省级标准,为政府数据治理提供制度保障。

浙江立足新发展阶段,深刻把握新时代改革系统集成、协同高效新特征,围绕省域治理现代化,运用系统观念、系统方法和数字化手段,推进党政机关全方位、系统性、重塑性改革。以数字化手段推进政府治理全方位、系统性、重塑性变革,打造整体智治、高效协同的数字政府综合应用,构建整体高效的政府运行体系、优质便捷的普惠服务体系、公平公正的执法监管体系、全域智慧的协同治理体系,建设"一网通办""一网通管"的"掌上办事之省""掌上办公之省""掌上治理之省",加快推进省域治理体系与治理能力现代化。

三、加快数字社会建设,增进人民福祉

党的十九大报告明确提出,我国社会主要矛盾已经转化为人民日益增长的美好生活需要和不平衡不充分的发展之间的矛盾。人民美好生活需要日益广泛,包括物质需要,还包括民主、法治、公平、正义、安全、环境等非物质需要。数字社会建设是着力补齐民生短板、提升公共服务水平,解决人民日益增长的美好生活需要和不平衡不充分的发展之间矛盾的加速器。浙江着力提供用得上、用得起、用得好的信息惠民服务,努力使人民群众在共享数字化发展成果上拥有更多获得感、幸福感和安全感。

"互联网＋公共服务"促进民生改善。浙江全面推进民生领域信息化深度应用,加快建设方便快捷、公平普惠、优质高效的公共服务信息体系,满足教育、医疗、扶贫、社会保障、养老服务等民生

领域信息化需求。在就业、住房、交通出行等领域加速普及应用数字化技术,培育公共服务供给的新模式、新业态。"互联网＋医疗健康"领先全国,微医、丁香园、阿里健康、浙二互联网医院等一批互联网医疗服务机构在疫情期间实施上线视频监护、远程会诊、视频查房、远程探视等线上诊疗服务,为患者提供网络义诊。"互联网＋教育"以"一网二库三平台四体系"建设为重点,加快教育信息化步伐,浙江基础教育信息化综合指数居全国之首。

新型智慧城市建设有效推进城市治理现代化。浙江是全国较早探索推进智慧城市建设的省份。2011 年就启动智慧城市建设试点工作,在医疗健康、城市管理、交通出行、能源管理、环境保护等民生领域先后分三批组织开展了 20 个智慧城市建设示范试点项目。通过省级试点推动地市建设,加快新型智慧城市建设取得实效。杭州市于 2016 年 4 月启动城市大脑,以交通领域为突破口,将原本分散在各个部门、相互孤立的数据资源联通共享,开启了利用大数据改善城市治理的探索。除了"数字治堵",城市大脑已在包括公共交通、城市治理、卫生健康等 11 大系统 48 个惠民利民场景落地,日均协同数据 1.2 亿条,在新冠肺炎疫情防控中更是发挥了重要作用。杭州市运用城市大脑提升交通、文旅、卫健等系统治理能力的创新成果得到了习近平总书记的肯定。

以数字化技术与思维加强和创新社会治理。浙江深化"互联网＋社会治理",数字赋能助力转型,大数据防疫抗疫、防汛减灾、助企惠民、城市治理、监管执法效能彰显。"基层治理四平台"实现基层大事一网联动、小事一格解决,推动社会治理模式从单向管理转向双向互动、从线下转向线上线下融合、从单纯的政府监管向更加注重社会协同治理转变,打造共建共治共享的社会治理格局,打造平安中国示范区。浙江率先建立全国首个平安建设信息网、首家互联网法院、首个网络公安局,发布首份司法透明指数,实施首次网络司法拍卖,探索建立网上调解、网上仲裁、网上协商等机制和"乌镇管家"等新模式,推动网上纠纷网上化解,重拳整治网络秩序,推进网络社会法治建设。

进入社会主义现代化建设的新阶段,浙江以城市大脑为支撑,以满足群众高品质生活需求和实现社会治理现代化为导向,打造一批跨部门多业务协同应用,为社会空间所有人提供全链条、全周期的多样、均等、便捷的社会服务,为社会治理者提供系统、及时、高效的管理支撑,发挥"民生服务+社会治理"双功能作用,让城市和乡村变得更安全、更智能、更美好、更有温度。

◆◆ **本章小结**

浙江是习近平新时代中国特色社会主义思想的重要萌发地,习近平总书记关于数字中国的重要论述,其中许多与他在浙江工作期间作出的"数字浙江"决策部署和浙江贯彻落实党中央战略部署的生动实践有密切关系。数字经济是新时代用新动能推动新发展的必由之路,建设数字政府是推进政府治理体系和治理能力现代化的战略举措,建设数字社会是提高人民群众获得感、幸福感、安全感的内在要求,是数字中国建设的主要内容。浙江高水平建设"数字浙江",数字经济"一号工程"引领高质量发展、数字政府建设推进治理能力现代化、数字社会建设增进人民群众福祉,用实际行动探索和践行了习近平总书记关于数字中国的重要论述。

◆◆ **思考题**

1.数字中国包含哪些内涵要义?主要路径是什么?

2.为什么说浙江是习近平总书记关于数字中国重要论述的重

要萌发地?

3.浙江省是如何用实际行动探索和践行习近平总书记关于数字中国重要论述的?

◆◆ **拓展阅读**

1.陈畴镛,王雷,周青.网络强国战略与浙江实践[M].北京:科学出版社,2016.

2.习近平.干在实处 走在前列——推进浙江新发展的思考与实践[M].北京:中共中央党校出版社,2018.

3.中共浙江省委全面深化改革委员会.浙江省数字化改革总体方案(浙委改发〔2021〕2号)[EB/OL].(2021-05-24)[2021-10-30].http://custom.huzhou.gov.cn/DFS/file/2021/05/24/22021052411402654907hp6i.pdf.

4.中共中央党史和文献研究院.习近平关于网络强国论述摘编[M].北京:中央文献出版社,2021.

要抓住产业数字化、数字产业化赋予的机遇,加快 5G 网络、数据中心等新型基础设施建设,抓紧布局数字经济、生命健康、新材料等战略性新兴产业、未来产业,大力推进科技创新,着力壮大新增长点、形成发展新动能。

——摘自习近平总书记《在浙江考察时的讲话(2020 年 3 月 29 日—4 月 1 日)》①

第二章　浙江数字经济发展的演进与成效

◆◆ 本章要点

1. 浙江省数字经济发展经历了 2003—2013 年的国民经济信息化与"两化"融合为特征、2014—2017 年的信息经济发展为主导、2017 年 12 月至今的数字经济"一号工程"为重点的三个阶段,从国内互联网产业的同步起跑者,加速成为数字经济浪潮中的领跑者。

2. 浙江围绕数字产业化、产业数字化,重点建设数字安防、网络通信、集成电路、智能计算等数字经济核心产业集群,加快制造业、农业和服务业数字化、网络化、智能化升级,打造全国数字产业化发展引领区和全国产业数字化转型示范区,数字经济成为高质量发展的主引擎、主阵地。

3. 浙江省委省政府积极利用国家数字经济创新发展试验区先行先试机遇,加快数字经济体制机制创新,着力发挥数据资源价

---

① 习近平.在浙江考察时的讲话(2020 年 3 月 29 日—4 月 1 日)[M]//中共中央党史和文献研究院.习近平关于网络强国论述摘编.北京:中央文献出版社,2021:143.

值,以构建数字经济新型生产关系,提升数字化生产力,形成了良好的数字经济发展生态。

浙江是习近平总书记关于数字中国重要论述的萌发地,也是全国数字经济先行省份。早在2003年,时任浙江省委书记习近平就作出了建设"数字浙江"的重要决策。浙江一张蓝图绘到底,践行习近平总书记关于加快发展数字经济的重要讲话精神,着力打造"全国数字产业化发展引领区""全国产业数字化转型示范区""数字经济机制体制创新先导区",数字经济已成为浙江经济社会发展的主引擎、转型升级的主动力和创业创新的主阵地。

第一节　浙江数字经济发展历程

在2003年1月浙江省十届人大一次会议上,时任浙江省委书记习近平提出了"数字浙江"建设战略部署。在2003年7月浙江省委十一届四次全体(扩大)会议上,"数字浙江"建设成为"八八战略"的重要内容。2003年7月以来,浙江历届省委省政府坚持贯彻"八八战略",持续推进数字浙江建设。2014年,浙江省委省政府率先提出大力发展以互联网为核心的信息经济,将其列为支撑浙江未来发展的七大万亿级产业之首。2017年12月,浙江省委经济工作会议提出,实施数字经济"一号工程",全面推进经济数字化转型,积极争创国家数字经济示范省。

一、国民经济信息化与"两化"融合阶段(2003—2013年)

党的十六大指出:实现工业化仍然是我国现代化进程中艰巨的历史性任务。信息化是我国加快实现工业化和现代化的必然选择。浙江省深入贯彻党的十六大精神,全面推进"数字浙江"建设,加快发展信息产业,以制造业信息化为突破口,实施"以信息化带动工业化"发展战略,增强传统产业的国际竞争力,从而加速浙江的工业化和现代化进程,走出了一条以国民经济信息化与"两化"融合为主导的发展路径。

2002 年,中共浙江省第十一次党代会提出了建设"数字浙江",将浙江省信息化建设工作推向新的高度。2003 年 1 月,在浙江省十届人大一次会议上,时任浙江省委书记习近平指出:"数字浙江是全面推进我省国民经济和社会信息化、以信息化带动工业化的基础性工程。"[①]同年 7 月,在浙江省委十一届四次全体(扩大)会议上,习近平同志进一步作出建设"数字浙江"的决策部署,并将其作为"八八战略"的重要内容,提出"进一步发挥浙江的块状特色产业优势,加快先进制造业基地建设,走新型工业化道路。坚持以信息化带动工业化,推进'数字浙江'建设,用高新技术和先进适用技术改造提升传统优势产业,大力发展高新技术产业,积极发展沿海临港重化工业,努力培育发展装备制造业,全面提升浙江产业发展的层次和水平"[②]。2003 年 9 月,浙江制定出台了《数字浙江建设规划纲要(2003—2007 年)》,从传统产业信息化改造、电子政务建设、数字城市建设、农村与农业信息化、优先发展信息产业、加强人才培育与信息化环境建设等六个方面明确了建设任务,浙江省正式开启了以信息化推动经济转型发展的历史序幕。

加快发展信息产业是浙江省抓住并用好重要战略机遇期的重

---

① 数字化改革开启浙江改革新征程[N].浙江日报,2020-12-21(001).

② 习近平.兴起学习贯彻"三个代表"重要思想新高潮　努力开创浙江各项事业新局面——在省委十一届四次全体(扩大)会议上的报告[J].今日浙江.2003(14):4-13.

要举措,是浙江贯彻落实科学发展观、转变经济增长方式的客观需要。2003 年,时任浙江省委书记习近平主导制定"2003—2007 年'五大百亿'计划"①,首次将信息化建设列入省级重大工程,为国民经济信息化与"两化"融合奠定良好基础,为"数字浙江"建设打造出全国一流的环境竞争力。2005 年 4 月,习近平同志专题调研杭州软件、通信产业发展,对加大力度攻坚信息技术、推进信息产业发展做了重要论述。他提出要"进一步增强加快发展信息技术、信息产业并推进信息化的紧迫感和责任感,把建设'数字浙江'作为一项战略性任务、基础性工作、主导性政策研究好、落实好,把信息产业特别是软件业、通信业作为我省结构调整和增长方式转变的一个重要突破口引导好、发展好,努力使信息产业发展和信息化建设继续走在前列"②。为浙江抢先布局发展信息经济、推动"两化"融合指明了战略方向。

大力推进电子商务发展成为浙江数字经济发展的重要支撑力量。十年磨一剑,浙江传统产业及社会各领域电子商务应用快速推进,技术、支付、物流等支撑服务取得重大突破,电子商务各领域走在全国前列。2002 年,浙江省经贸委出台电子商务建设意见,大力推动商贸流通领域电子商务试点;2003 年,浙江省经贸委举办首届工业品网上交易等大型活动,开始探索网上博览会模式;2005 年,浙江制定了首个电商产业政策,把电商发展正式摆上浙江经济工作的议事日程;2006 年,浙江省政府出台了首个省级层面的电商产业政策——《浙江省人民政府办公厅关于加快电子商务发展的

---

① "五大百亿"计划,即"百亿基础设施建设""百亿信息化建设""百亿科教文卫体建设""百亿生态环境建设""百亿帮扶致富建设"五大工程。

② 习近平在杭州调研软件通信产业[N].杭州日报,2005-04-05(1).

意见》,明确电子商务扶持政策;2008—2011 年,浙江省经贸委联合财政厅共同实施"万企电子商务工程",大力推进电子商务普及培训和应用创新,为浙江电子商务快速发展奠定良好的基础。

大力推动信息化与工业化深度融合。2003 年以来,浙江省大力推动信息化与工业化融合,先后出台了《关于加强信息安全保障工作的意见》《关于加强信息资源开发利用工作的实施意见》《关于加快信息化带动工业化的指导意见》等一系列配套政策和措施,全面推动信息技术在经济社会各领域的应用。2011 年 7 月 22 日,浙江省发布《关于加快推进信息化和工业化深度融合的意见》,将"两化"深度融合作为浙江工业经济转型升级的重要路径,成为浙江数字经济发展的重要方向。2013 年 8 月,工信部正式批复浙江省建设全国唯一的"信息化和工业化深度融合国家示范区"。

二、信息经济阶段(2014—2017 年)

党的十八大以来,习近平总书记高度重视网络安全和信息化事业,统筹协调涉及政治、经济、文化、社会、军事等领域信息化和网络安全重大问题,作出一系列重大决策,提出一系列重大举措,推动网信事业取得历史性成就。建设网络强国,形成实力雄厚的信息经济,习近平总书记特别强调要全面发展信息经济。2014—2017 年,浙江把以互联网为载体的信息经济作为适应新常态、谋求新发展、塑造新优势、打造浙江经济升级版的新动力,从全国"两化"深度融合国家示范区到全国第一个信息经济示范区,开启了区域经济转型升级创新发展的新范式。

2013 年 12 月,经济转型升级亟须新动能的浙江,积极利用世界经济加速向以网络信息技术产业为重要内容的经济活动转变的历史契机,把发展信息经济作为深入实施"八八战略"的关键举措、抢占未来发展制高点的战略选择,率先作出大力发展信息经济的决策部署。2014年4月,省政府召开全省信息经济发展大会,将发展信息经济列为七大万亿级产业之首;同年5月,《浙江省人民政府关于加快发展信息经济的指导意见》出台,提出"七中心一示范区"①建设,浙江成为全国首个将信息经济作为战略行动提出的省份;同年11月,首届世界互联网大会在乌镇召开,互联网大会成为浙江信息经济发展开始具备全球影响力的一个重要标志。

　　2015年2月,浙江发布《浙江省信息经济发展规划(2014—2020年)》,进一步明确了全省发展信息经济的指导思想、发展目标与重点、主要任务和保障措施。全省各地迅速行动,分别制定信息经济相关规划,杭州市把发展信息经济、推动智慧应用立为"一号工程",温州市将信息经济列为"五化"战略之首,湖州市将信息经济作为"四大千亿级产业"来培育,绍兴市提出打造信息经济八大千亿级中高端产业集群等。2015年12月31日,浙江编制《中国制造2025浙江行动纲要》,提出推进信息化和工业化深度融合,实施千企信息化"登高计划",加快发展智能制造,并借助世界互联网大会永久落户乌镇的优势,启动乌镇互联网创新发展试验区建设。2016年上半年,浙江省政府出台《浙江省"互联网＋"行动计划》《浙江省促进大数据发展实施计划》,提出建设"数据强省",将浙江打造成为"互联网＋"世界科技创新高地。同年11月,浙江省获批建设全国第一个信息经济示范省。2016年9月,习近平总书记在二十国集团工商峰会开幕式上,专门提到"杭州是创

---

① "七中心",即把浙江打造成国际电子商务中心、全国物联网产业中心、全国云计算产业中心、全国大数据产业中心、全国互联网金融创新中心、全国智慧物流中心、全国数字内容产业中心;"一示范区",即扎实推进信息化和工业化深度融合国家示范区建设。

新活力之城,电子商务蓬勃发展,在杭州点击鼠标,联通的是整个世界"①,形象生动地介绍了杭州在信息经济发展中取得的成效和优势。

2014—2017年,浙江信息经济呈现良好发展势头。一是信息经济成为浙江经济发展的新引擎新蓝海。以互联网为依托、数据资源为核心要素、信息技术为内生动力、融合创新为典型特征的信息经济,无论其自身发展还是对经济的辐射带动作用都呈现爆发式增长态势。在风起云涌、方兴未艾的信息技术革命中,浙江逐步成为信息经济的领跑者。二是信息经济成为浙江创新创业的主战场。浙江紧紧把握新一代信息技术突破发展带来的创新创业机遇,以"互联网十"创新创业为动力,着力推进技术创新、商业模式创新和体制机制创新,涌现出一批网络通信、数字安防、电子商务、互联网金融等领域的领军企业,成为全国创新创业活力最强、转型升级最快的省份之一。三是信息经济成为浙江经济转型升级的新动能。浙江信息经济不但在需求端和消费端发力,而且在促进供给侧改革、传统产业转型升级等方面发挥重要作用。信息经济成为浙江产业转型升级的新动能,"互联网十"在推动传统制造业、现代服务业转型升级中发挥乘数效应,形成众多示范工程、平台商业模式。

三、数字经济"一号工程"阶段(2017年12月至今)

伴随新一代信息技术不断成熟,信息化进入数字化、智能化发展阶段。为了应对全球经济增速低缓、复苏乏力的挑战,中国作为

---

① 习近平.在二十国集团工商峰会开幕式上的主旨演讲[EB/OL].(2016-09-03)[2021-10-30].http://news.cctv.com/2016/09/03/ARTIQQ2cp4PYTGchxoFPkXah160-903.shtml.

2016年二十国集团(G20)主席国,将"数字经济"列为 G20 杭州峰会创新增长蓝图中的一项重要议题,通过了第一个具有全球意义的数字经济合作倡议——《二十国集团数字经济发展与合作倡议》。

G20 杭州峰会以来,习近平总书记多次强调要"做大做强数字经济",对建设网络强国、数字中国进行了科学擘画。党的十九大报告指出,"推动互联网、大数据、人工智能和实体经济深度融合,在中高端消费、创新引领、绿色低碳、共享经济、现代供应链、人力资本服务等领域培育新增长点,形成新动能"[①]。浙江抢抓全球治理体系变革和产业链重构的重要战略机遇期,把发展"数字经济"列为"一号工程",以数字化、网络化、智能化牵引全省经济社会创新发展。

2017 年 12 月,浙江省委经济工作会议提出,把发展"数字经济"列为"一号工程",提出全面推进经济数字化转型,积极争创国家数字经济示范省,大力发展互联网、物联网、大数据、人工智能等产业,打造"云上浙江"、数据强省,深化数字浙江建设。

浙江把握新一轮科技革命和产业变革的发展机遇,深入贯彻党中央、国务院关于数字经济发展的决策部署,抢占数字经济竞争制高点,不断激发高质量发展新动能,为建设"重要窗口"增添具有澎湃动力的重要抓手。2018 年 1 月,浙江省政府工作报告提出,要大力发展以数字经济为核心的新经济,加快构建现代化经济体系。制定并实施了《浙江省国家数字经济示范省建设方案》和《浙江省数字经济五年倍增计划》,提出到 2022 年,全省数字经济总量较2017 年(2 万亿元,占 GDP 比重 40%)翻一番,力争达到 4 万亿元以上(占 GDP 比重 55%,年均增长率将达到 14.9%左右)。成立

---

① 戚聿东.贯彻新发展理念 加快发展数字经济[N].光明日报,2018-09-04(15).

由省长任组长的省数字经济发展领导小组,优化"1＋X"领导工作体系。"三区三中心"①及城市大脑、数字大湾区、移动支付之省等标志性工程建设取得重要进展。

围绕数字经济"一号工程",浙江出台了一系列政策与行动方案,《浙江省人民政府关于加快发展工业互联网促进制造业高质量发展的实施意见》《加快数字经济发展的若干政策措施》《浙江省数字经济发展综合评价办法(试行)》《浙江省数字赋能促进新业态新模式发展行动计划(2020—2022年)》等,为浙江省数字经济发展提供政策支撑。2019年10月,浙江入选全国首批"国家数字经济创新发展试验区"。2020年,印发了《浙江省国家数字经济创新发展试验区建设工作方案》,实施七大工程——数字化生产关系构建工程、政府数字化转型引领工程、数字化协同治理创新工程、数字社会融合应用工程、数字产业化能级提升工程、产业数字化转型发展工程、数字长三角建设工程。2020年12月,浙江省人大常委会审议通过了《浙江省数字经济促进条例》,这是我国第一部以促进数字经济发展为主题的地方性法规。这部重要法规的出台,是浙江深入贯彻落实习近平总书记关于数字化发展的重要论述的具体举措,是再创浙江数字经济发展新优势、推动数字经济成为"重要窗口"重大标志性成果的现实需要,也是将浙江省相关实践经验上升为法律制度的客观要求。

新时代下,浙江扛起建设网络强国、数字中国的使命,勇立数字化发展潮头,数字经济成为推动经济变革、质量变革、效率变革

---

① 三区三中心,即全国数字产业化发展引领区、产业数字化转型示范区、数字经济体制机制创新先导区和具有全球影响力的数字科技创新中心、新型贸易中心、新兴金融中心。

的加速器。2017 年 12 月以来,浙江坚定不移践行习近平总书记关于数字化发展的重要讲话精神,认真落实省委省政府关于实施数字经济"一号工程"的决策部署,数字经济已经成为推动质量变革、效率变革、动力变革和实现高质量发展的新引擎。一是数字经济成为浙江高质量发展"金名片"。浙江数字经济发展走在全国前列。2017 年 12 月以来,浙江以加快建设国家数字经济示范省为引领,深入实施数字经济五年倍增计划,加强政策制度供给,出台地方立法,全方位、系统性地推进数字经济创新发展,全力推进数字产业化发展和产业数字化转型。数字经济总量规模持续扩大,经济效益稳步提升,创新动力持续增强,产业结构逐步优化,产业数字化转型加快推进。二是科技创新驱动数字经济发展。浙江省始终坚持人才强省、创新强省首位战略,创新新型举国机制,加快数字科技创新中心建设,形成创新引领数字经济的发展氛围。大力支持之江实验室建设国家智能计算实验室,高水平推进阿里达摩院等高能级创新平台建设,布局建设省实验室、1142 家数字经济领域省级企业研发机构,着力构建具有全球影响力、全国一流水平和浙江特色的全域创新体系。三是融合带动传统产业转型升级。2017 年 12 月以来,浙江省大力推动数字赋能产业转型,实现传统产业蝶变升级。推进新一代信息技术和制造业融合发展,聚焦"415"先进制造业集群和十大标志性产业链,深化推进智能化技术改造行动全覆盖,形成一批智能制造新模式。以强化场景应用推进服务业数字化转型。着力拓展 5G、人工智能、云计算等新技术的场景应用,大力实施数字生活新服务行动,激发跨境电商、新零售、移动支付、互联网医疗、在线经济等新业态新模式蓬勃发展。

第二节 打造全国数字产业化发展引领区

数字产业化代表了新一代信息技术的发展方向和最新成果，对经济社会的发展将起到至关重要的作用。2003 年，浙江提出加快杭州、宁波、绍兴、嘉兴等高技术开发区建设，建成全国重要的电子信息等高新技术产业基地。之后，又提出打造"三区"，第一个区就是数字产业化发展的引领区，通过数字产业化来形成新模式、新业态、新动能，引领、带动整个数字产业化发展。

一、数字经济核心产业高速发展

2020 年，浙江数字经济核心产业增加值超过 7000 亿元，对 GDP 增长贡献率达 34.9%，已成为浙江动力转换、结构优化、质量提升的关键支撑。其中规上数字经济核心产业制造业增加值同比增长 16.8%，浙江省电子信息制造业规模跃居全国第 3 位，软件业规模保持全国第 4 位，综合发展指数居全国第 3 位[①]。

数字安防产业处于全国领先地位。数字安防核心领域视频监控占国际市场近一半份额。2020 年，全省数字安防产业制造业主营业务收入约 1700 亿元，形成了以杭州为核心，宁波、温州、嘉兴、台州等地协同发展的格局。产业链较为完善，在芯片和算法研发、安防设备制造、系统集成应用等方面具有较强竞争优势。创新平台较为丰富，拥有数字安防领域国家级企业技术中心 12 家、省级重点企业研究院 27 家，以及城市大脑人工智能开放创新平台、视

---

① 浙江省人民政府办公厅.浙江省数字经济发展"十四五"规划(浙政办发〔2021〕35 号)[R/OL].(2021-06-16)[2021-10-31].http://www.zj.gov.cn/art/2021/6/29/art_1229019365_2306544.html?ivk_sa=102432ou.

频感知人工智能开放创新平台、智慧视频安防制造业创新中心、网络信息技术产业创新服务综合体等公共服务平台。

集成电路产业特色优势明显。浙江现有集成电路及相关企业约 500 家，规上企业近 200 家，基本涵盖了集成电路材料、设计、制造、测试、装备等全产业链，在芯片设计和原材料生产领域具有明显优势。根据《2021 年浙江省半导体行业发展报告》相关数据，2020 年全省集成电路及相关产业销售收入 1168 亿元，同比增长近五成。浙江省集成电路设计领域处于全国领先水平，士兰微电子是全国最大的整合器件制造（IDM）厂商，矽力杰的电源管理芯片、中科微电子的北斗导航芯片等均走在国内前列。浙江集成电路材料优势产品主要集中在固体干材料领域，金瑞泓、中欣晶圆的 8～12 英寸晶圆片制造国内领先，江丰电子、康强电子、华龙电子、兴业铜业等在溅射靶材、框架材料、高精度铜板带等产品市场占有率位居全国首位。芯片制造与封测业加快发展，中芯国际宁波一期已投产，二期已开工，中芯国际绍兴已通线投片，长电科技绍兴先进封装项目已开工建设。随着环杭州湾的杭、绍、甬、嘉 4 市先后开工建设总投资近千亿元的数十个集成电路重大项目，预计今后几年内，浙江半导体产业仍将保持健康、快速发展态势。

网络通信产业链体系完善。形成了以通信器件、系统整机和行业应用为一体的产业发展格局，在网络交换机、光纤光缆、移动终端、射频器件及工业互联网应用等领域形成特色优势。拥有 5G 创新谷、国家（富阳）光纤光缆产业园、南湖智能终端产业园等平台，集聚了新华三、富通集团、东方通信、闻泰科技、博创科技、中电华莹等一批骨干企业。5G、工业互联网融合应用优势明显，已在智能制造、数字安防、虚拟现实、超高清视频、未来社区等领域形成一批创新成果,有力支撑了产业创新发展。

智能计算产业发展快速。据省经信厅统计数据,2020 年,浙江省智能计算产业规模约为 1538.8 亿元,增速为 21%,占规上电子信息制造业营收的 13.6%。全省规模以上智能计算制造企业中超百亿元企业 2 家,在杭州、宁波、温州、湖州、嘉兴、金华等地,拥有一批软件、硬件、整机和云服务等领域的领军企业,在服务器制造和公有云服务等领域处于全国领先水平,建有云栖小镇、人工智能小镇等产业基地。全省各地抢抓信创发展机遇,加速推进浙江鲲鹏产业基地、华为宁波鲲鹏生态产业园、龙芯(金华)智慧产业园等产业平台建设,加快建设国家数据智能技术创新中心、省鲲鹏生态创新中心和浙江大学创新生态研究院等技术创新载体,形成全省上下推进智能计算产业快速发展的良好局面。

软件产业加快高质量发展步伐。全省软件产业高质量发展态势良好,智研咨询发布的《2021—2027 年中国软件行业市场发展潜力及投资盈利分析报告》数据显示,2020 年实现软件业务收入 7035.1 亿元,同比增长 15.4%。软件产品供应能力有效提升,带动产品收入大幅增加,软件产品收入和嵌入式系统软件收入增长迅猛,信息技术服务收入稳步提升。产业创新和融合进一步加快,软件著作权、参与国际标准和国家标准数量不断增加。杭州是浙江省软件产业主要集聚区,拥有软件企业 701 家,全省软件 20 强企业均在杭州。在电子商务、云计算、金融、安全、医疗健康等特色领域发展优势突出,已形成一批有国际竞争力的龙头企业,现有超百亿元的企业 9 家,超千亿元企业 1 家。

二、建设世界级数字经济核心产业集群

围绕国家发展数字经济的战略部署和建设国家数字经济示范省的重大任务,浙江坚持"八八战略"再深化、改革开放再出发,加快数字技术创新产业化步伐,努力构建万物互联、安全可控的新一代信息技术产业体系,力争打造若干世界级产业集群。

打造一批标志性产业链。聚焦数字安防、集成电路、智能计算、网络通信等领域,实施产业链协同创新工程。组织实施一批产业链协同创新和供应链保障项目,推动一批关键核心技术产品产业化应用。加强标志性产业链的建链、补链和强链发展,支持龙头企业、"单项冠军"企业与配套企业协同,打造一批具有行业话语权的"撒手锏"技术产品,建设自主可控的国家级高效计算生态系统。加快攻破"缺芯少魂"核心难题,积极推动整机芯片联动发展,鼓励优先应用技术先进、自主安全可控的芯片、基础软件及整机系统,提供基础软硬件国产化适配验证与迁移示范方案。

做大做强优势产业集群。着力优化稳定数字安防产业链,补齐芯片、关键核心元器件、智能算法等共性技术短板,推动人工智能、虚拟现实、超高清视频、云计算和大数据等新技术的融合应用,打造世界级数字安防产业集群。突破第三代半导体芯片、专用设计软件、专用设备与材料等技术,前瞻布局毫米波芯片、太赫兹芯片、云端一体芯片,以杭州、宁波、绍兴为核心打造国内重要的集成电路产业基地。补齐通信芯片、关键射频器件、高端光器件等领域技术短板,做强新型网络通信设备制造、系统集成服务,打造世界先进的网络通信产业集聚区、创新应用引领区。做强芯片、存储设备、服务器等关键产品,补齐操作系统短板,推动高性能智能计算架构体系、智能算力等取得突破,构建智能计算产业生态。实施好重大自主软件应

用推广等五大工程,重点研发面向制造业的集成解决方案,加快软件名城、软件名园、软件名企建设,实现软件产业在全国的领先地位。

积极建设高端产业平台。推进国家数字经济创新发展试验区、软件名城、新一代人工智能创新发展试验区、自动驾驶和智能出行示范区等国家级平台建设,大力推进杭州、宁波等省级集成电路产业基地和杭州"芯火"双创基地(平台)建设,努力培育浙江数字经济引领发展的新优势。加快环杭州湾"三廊四区"建设,高质量建设"万亩千亿"新产业平台、数字经济特色基地(小镇),打造支撑数字经济发展创新平台。着力谋划一批、建设一批、投产一批如中芯(绍兴)、绍兴长电、杭州矽力杰、金华龙芯等数字产业重大项目,支持杭州、宁波等地与新华三、华为等公司共建服务器生产基地,争取早日投产。

开展万亿新兴产业未来产业培育。组织实施未来产业孵化与加速计划,超前布局第三代半导体、类脑芯片、柔性电子、未来网络、智能感知物联网等未来产业,加快建设未来产业先导区,实施产业跨界融合示范工程,打造未来技术应用场景。加强高级机器学习、类脑智能、跨媒体分析推理等关键技术集中攻关,加快计算机视觉、语音识别等技术应用场景开发,打造"核心理论技术—智能产品—智能应用"的人工智能全产业链。突破量子通信、量子计算、量子传感和测量等技术研发和试验验证,推进量子通信技术在重点行业领域应用。研发自主可控加密算法、网络协议等区块链技术,促进有条件的地区培育发展区块链产业,推进在商贸金融、民生服务、智能制造、社会治理等领域的深度应用。

三、科技创新驱动数字经济发展

从第一次工业革命开始,科技创新一直是工业革命和社会变革的驱动力。习近平同志在 2006 年 3 月主持召开浙江省自主创新大会时,就作出了到 2020 年建成创新型省份的战略部署,出台了《浙江省科技强省建设与"十一五"科学技术发展规划纲要》等纲领性文件,高瞻远瞩地把新一代信息技术摆在大力发展高新技术产业、培育新的经济增长点的核心位置。浙江始终沿着习近平总书记指引的方向,把数字科技创新作为引领数字经济发展的"第一动力"。

积极开展核心技术联合攻关。瞄准世界数字科学前沿方向,围绕事关国家战略和长远发展、"卡脖子"科学问题,积极实施科技创新尖峰、尖兵、领雁、领航计划,突破一批关键科技问题。数字安防专用图像信号处理芯片、视频监控专用芯片、固态存储控制器芯等核心零部件实现国产化。阿里巴巴达摩院在全球率先成功模拟 81 比特 40 层的随机量子电路,浙江大学成功开发出新一代达尔文系列类脑芯片,海康威视"芯海计划"纳入国家关键核心技术攻关总体计划,浙江大学"可泛化的领域知识学习与计算引擎"入选国家科技创新 2030——"新一代人工智能"重大项目。到 2020 年底,数字经济领域有效发明专利累计达 6.5 万件,拥有专利的企业数为 3.4 万家,位列全国第三[①]。2020 年规上数字经济核心产业研究与试验发展(R&D)经费支出占增加值的比重为 6.7%[②]。支持省内单位与长三角三省一市的企业、高校、院所、研究机构等共同申报和承担数字经济重大科技专项,联合长三角科

---

① 浙江省人民政府办公厅.浙江省数字经济发展"十四五"规划(浙政办发〔2021〕35 号)[R/OL].(2021-06-16)[2021-10-31].http://www.zj.gov.cn/art/2021/6/29/art_1229019365_2306544.html? ivk_sa=102432ou.

② 浙江省人民政府办公厅.浙江省数字经济发展"十四五"规划(浙政办发〔2021〕35 号)[R/OL].(2021-06-16)[2021-10-31].http://www.zj.gov.cn/art/2021/6/29/art_1229019365_2306544.html? ivk_sa=102432ou.

研机构共同争取、承接、实施国家2030重大战略项目和国家科技重大专项。

积极建设原始创新策源地。举全省之力,在城西科创大走廊打造"面向世界、引领未来、辐射全省"的创新策源地,支持杭州高新区、富阳、德清成为联动发展区。支持宁波甬江科创大走廊加快集聚智能经济等领域创新机构,支持温州环大罗山科创走廊打造有全球竞争力的智能装备科创高地,支持嘉兴G60科创大走廊打造全球数字科创引领区,支持浙中科创大走廊重点发展信创产业和智联健康产业。联动推进杭州、宁波温州国家自主创新示范区和环杭州湾高新技术产业带建设。以之江实验室为龙头,发挥阿里达摩院、西湖大学、柔性电子研究院等作用,联合国内外知名高校、世界一流的科研院所,积极创建数字科技领域国家实验室、国家技术(产业、制造业)创新中心、国家重点实验室等重大创新载体。

重点培育数字科技创新型企业。实施凤凰、雄鹰、雏鹰、鲲鹏行动,大力引进国内外知名数字企业来浙江发展,鼓励领军企业做大做强,加大高成长企业扶持,推动独角兽、准独角兽快速成长。发挥企业在数字科技研发创新中的主体作用,加大对数字经济领军企业的培育和支持力度,深入开展科技型中小企业、数字科技高新技术企业、具有国际话语权和引领力的数字科技领军型企业梯度培育。积极鼓励骨干企业创建国家工程实验室、国家工程研究中心、企业技术中心等国家级研发创新机构。

持续推进创新平台建设。汇聚高端资源要素,打造了一批高能级创新平台,形成了浙江特色的全域数字技术创新体系。之江实验室在量子精密测量、智能感知、智能计算、智能芯片等方面作出了科研布局,自主研发"天枢人工智能开源开放平台"。浙江大学超重力离心模拟与实验装置成功纳入国家重大科技基础设施项目,建成后将成为全球容量最大、应用范围最广的综合实验平台。积极引进共建长三角柔性电子技术协同创新中心、天津大学浙江研究院等高端科研平台。杭州和德清国家新一代人工智能创新发展试验区建设加快推进,阿里巴巴城市大脑、海康威视视频感知国家新一代人工智能开放创新平台。技术协同创新,不断推进数字产业化发展。

◆◆◆【案例2-1】

数字化制造、平台化服务的新昌模式

2018年以来,地方推动工业互联网的"新昌模式"被工信部和浙江省树为典型,并在多地进行推广复制。2019年底,中国联通在新昌正式发布全球首个全5G工业互联网端到端应用,新昌在5G工业应用方面走在了全球前列。2020年,随着新基建提上日程,"新昌模式"更加受到各界关注。

地方如何推动新基建,"新昌模式"无疑值得借鉴。"新昌模式",简而言之,就是"一主体三支撑"。所谓"一主体",就是以企业为主体,有效激活其转型智造的内生动力。无论何时何地,都要想清楚、弄明白,市场经济的主体是企业,而不是政府。"三支撑"中,首先是服务平台的支撑,让互联网公司提供生产性服务;其次是5G技术的支撑,充分发挥5G网高速率、低时延、广连接的特色优势,有效助力工业互联网的广泛应用;最后是政策环境的支撑,从新昌的经验来看,单个企业难以解决的问题,政府出面来支撑应对,"使市场对资源配置起决定性作用"。

新昌工业互联网和智能制造的高水平,关键在于新昌的县域科技创新工作不但走在浙江前列，在全国范围内也处于领先水平。这得益于新昌有前瞻的发展眼光，历届政府坚持"资源不足科技补"，坚持实施工业立县、创新强县战略，统筹谋划新时代工业发展新思路，全力以赴推动工业经济实现高质量发展。得益于有计划地实施和推进有效的数字化转型模式，坚持试点先行、逐步扩面，推动中小企业降成本、增效益，走出了一条数字化助推高质量发展之路。同时，新昌紧紧扭住中小企业的高质量发展不放，工业互联网发展过程中，也将中小企业作为重点推广改造对象。从中小制造企业痛点难点入手，通过对制造企业诊断、评估、调研，发现中小企业推进智能制造存在企业自身改造难、企业持续推进升级难、企业"智能化改造"领导拍板难、生产系统健康管理难、企业寻找放心的承包单位难、多主体运作形成合力难的"六大难题"。

案例简析 >>>

地方推动工业互联网的"新昌模式"被工信部和浙江省树为典型。在蓬勃兴起的"新基建"中，新昌的"一主三支撑"模式将工业互联网和产业物联网推向了一个全新的高度。以企业为主体，利用服务平台的支撑，让互联网企业提供生产性服务；利用5G技术的支撑，充分发挥5G网高速率、低时延、广连接的特色优势，有效助力工业互联网的广泛应用；利用政策环境的支撑，单个企业难以解决的问题，政府出面来支撑应对，"使市场对资源配置起决定性作用"。基于此，新昌将工业互联网与产业物联网有机融合起来。新昌在轴承行业推广破解"六大难题"、智能制造的做法和"套路"，构成"新昌模式"的内涵，开拓了"企业主导、政府引导、专家智能指导、金融助推"的成批推广智能制造的局面。

第三节　打造全国产业数字化转型示范区

产业数字化是以数据为关键要素,以价值释放为核心,以数字赋能为主线,对产业链上下游的全要素数字化升级、转型和再造的过程。习近平同志在浙江工作时就提出"加快建设先进制造基地,必须将信息化和工业化结合起来,发挥信息化的倍增作用和催化作用"。浙江省抓住历史发展机遇,推进"数字化＋""互联网＋""智能化＋"行动,加速传统产业向数字化、网络化、智能化转型升级,提高竞争力和生产效能。

一、产业数字化转型取得积极成效

为全面贯彻落实数字浙江建设部署,浙江成立了省"两化"深度融合国家示范区建设领导小组,出台了《浙江省数字化转型标准化建设方案(2018—2020 年)》《关于深入推进传统制造业改造提升2.0 版的实施意见》《关于实施数字生活新服务行动的意见》等指导性文件,加快推动产业数字化转型。在第四届数字中国建设峰会上,国家网信办发布了《数字中国发展报告 2020》,报告显示,浙江省产业数字化指数居全国第一,这表明自 2018 年浙江该项指数跃居全国首位后,产业数字化发展水平持续领跑全国。

制造业数字化转型成效显著。浙江积极推进制造强省建设,以机器换人为开端,以智能制造为主攻方向,大力推动企业、工厂、产线、车间的数字化、网络化、智能化,在全国率先探索启动"未来工厂",发挥示范引领作用。到 2020 年底,累计实施国家智能制造应用和试点项目 61 项,总数居全国前列。累计培育数字化车间/智能工厂 263 家,未来工厂 12 家,标杆示范成果显著,燎原之势逐渐形成,成为贯彻新发展理念、引领高质量发展的重要实践①。老板电器、春风动力、西奥电梯、益海嘉里等龙头企业成为数字车间、智能工厂示范项目。

工业互联网平台体系初步形成。阿里云、浙江中控、之江实验室等省内优势资源联合打造 supET 平台,入选国家十大跨行业跨领域工业互联网平台名单。创建省级工业互联网平台 210 个,上云企业 44 万家②,在役工业机器人 10.3 万台,重点制造行业典型企业装备数控化率达到 60.7%、工业设备联网率达到 42.3%。持续开展省级工业互联网平台建设及应用示范区创建,基本实现浙江 17 个重点传统制造业行业和主要块状经济产业集聚区全覆盖。

应用行业的新业态层出不穷。积极开展 5G 场景应用创新,在高清视频、智慧城市、车联网、远程医疗等领域发挥着不可或缺的作用。积极推进杭州"城市大脑"标杆建设和衢州、湖州、德清应用示范试点建设,已在公共服务、市场监管、社会管理、环境保护等领域累计形成近 200 个场景应用。农业环境监测、智能控制、智能灌溉等技术在种植、养殖业上形成智能化科学管理,2019 年建设 72 家数字农业工厂,构建农产品质量安全追溯体系。

二、创建产业数字化转型示范标杆

浙江省深入贯彻落实党中央、国务院关于加快产业数字化的决策部署,发挥"数据要素驱动、科技平台支撑、品牌价值赋能、生

---

① 浙江省人民政府办公厅.浙江省数字经济发展"十四五"规划(浙政办发〔2021〕35 号)[R/OL].(2021-06-16)[2021-10-31].http://www.zj.gov.cn/art/2021/6/29/art_1229019365_2306544.html? ivk_sa＝102432ou.

② 浙江省人民政府办公厅.浙江省数字经济发展"十四五"规划(浙政办发〔2021〕35 号)[R/OL].(2021-06-16)[2021-10-31].http://www.zj.gov.cn/art/2021/6/29/art_1229019365_2306544.html? ivk_sa＝102432ou.

态融合共生、政府精准施策"等优势,加快重点行业服务型制造新模式全覆盖,促进产业迈向全球价值链中高端。

打造全国制造业改造升级示范区。着力推进数字化转型、服务型制造、产业链再造,充分运用工业互联网、人工智能、云计算、区块链、大数据等前沿技术,构建全产业链的智能化制造、数字化管理新模式。实施"十百千万"智能化改造工程,加快智能制造单元、智能生产线、数字化车间、智能工厂、智能配送建设,探索建设"未来工厂"。完善"1+N"工业互联网平台体系,提升 supET 工业互联网平台建设与应用,鼓励行业级、区域级、企业级平台与 supET 平台联动发展。实施数字化转型伙伴行动,鼓励中小企业开展即插即用式数字化改造,支持中小企业接入工业互联网平台便捷获取数字化服务,鼓励数字化服务商开发和推广数字化解决方案。

加快开发智能化新产品。深入实施"百网万品"拓市场行动和"春雷计划""严选计划""商超计划"。以家电、电气、汽车零部件、消费电子等行业为重点,围绕产业发展导向,支持企业自主开发、联合开发数字化融合新产品,加强新型传感器、智能控制、物联网芯片等技术在产品中的集成应用,通过技术赋能实现产品迭代升级。推进新一代信息技术与社会治理、民生服务、经济发展、智慧海洋等各行各业的深度融合,挖掘"城市大脑"、未来社区、数字乡村、数字家庭、数字文化和旅游、智慧健康养老等新型信息消费和产业升级等需求,着力拓展应用场景。

推进服务业数字化提升。强化传统服务业与互联网平台的跨界融合发展,加快发展新零售、跨境电商、科技金融、共享经济、快递经济等,培育壮大"互联网+"服务贸易平台,打响"浙江服务"品牌。加快发展数字文化产业,推进之江数字文化产业园、国家数字出版基地、国家音乐产业示范基地等重大项目建设。组织实施数字生活新服务行动,创新推广新业态新模式,推进生活性服务业数字化、传统零售企业数字化、夜间经济数字化。大力发展数字出版、新媒体网络影视、网络文学、动漫游戏、数字音乐等数字文创产业,推进"互联网＋文化"。

加快农业数字化转型。深化信息进村入户工程,实施"互联网＋"农产品出村进城工程,促进农业生产管理、农产品流通营销等数字化改造和应用。加快数字技术与乡村资源要素、特色产业融合,培育创意农业、共享农业、体验农业、认养农业、个人定制、农商直供等新业态。推广农业物联网应用,强化农产品追溯和质量监管,建设一批数字农业工厂和数字化种养基地,打造农业现代化示范区。优化提升农村电子商务,实施快递进村工程,建设农产品加工物流、冷链仓储等基础设施,发展农业新业态,推进农业旅游与电子商务融合发展。

三、数字化为商贸流通插上腾飞翅膀

浙江是商贸流通大省,在"互联网＋"背景指引下,电子商务已成为浙江的新名片。

在国内端,全面开展新零售标杆城市、新零售示范企业培育工作,大力推进零售新业态孵化及集聚发展。据浙江省商务厅数据,2013—2020 年,浙江网络零售额从 3821.3 亿元增长到 22608.1 亿元,总量规模稳居全国第 2 位。全省共有各类活跃网店 80 余万家,解决和带动就业人数约 800 万。杭州、宁波、衢州 3 个城市列入新零售标杆创建城市,52 家企业成为浙江省新零售示范企业。阿里巴巴新零售、超级物种、网易考拉、网易严选线下体验店等新业态蓬勃发展。电商直播、社交电商等新模式蓬勃发展,餐饮、住

宿、旅游、金融、教育、文化、出版、家政和社区服务等领域纷纷开展电商业务,为百姓提供便利服务。

在国际端,积极培育跨境电商产业,率先开展跨境电商综合试验区建设,促进国际贸易转型与数字贸易新体系的建立。2015年省内首个中国(杭州)跨境电商综合试验区成功设立,2020年全省跨境电商综试区总数达到10个,居全国第一。2020年,浙江省跨境网络零售出口额1023亿元,同比增长31.6%;其中,金华市、杭州市、宁波市3地居全省前三名,占全省跨境网络零售出口的81.2%;服饰鞋包、家居家装、3C数码等3大行业居全行业网络零售额前三名,相当于全行业网络零售额的66.8%①。电子商务合作成为浙江落实"一带一路"倡议的重要领域,世界电子贸易平台(eWTP)秘书处正式落户杭州,与马来西亚政府共同建设了海外首个eWTP试验区,与比利时、卢旺达等国的合作也取得积极进展,被列入省"一带一路"建设标志性工程。执御、PingPong等一批重点电商企业加快"一带一路"沿线国家和地区电商市场的拓展,被中央媒体作为"一带一路"跨境电商发展典型。举办了数字贸易博览会、首届数字贸易交易会,中国(杭州)国际电商博览会、中国(义乌)国际电子商务博览会等活动,浙江的知名度和影响力进一步扩大。

浙江省充分利用在跨境电子商务领域内的领先优势,积极对接全球电子商务新模式,成为全球数字贸易变革策源地、数字支付结算创新地和智慧供应链平台汇聚地。

优化空间布局与功能定位。充分发挥杭州在电商平台、新零售、创新创业、金融科技等方面的优势,打造成为新型贸易中心的

---

① 浙江省商务厅.浙江省2020年度网络零售统计数据[EB/OL].(2021-01-14)[2021-10-30].http://www.zcom.gov.cn/art/2021/1/14/art_1416807_58928462.html.

核心区和引领区,其他地市结合自身产业优势,加快数字贸易转型。立足高新区(滨江)物联网产业园国家数字服务出口基地,打造"数字贸易示范区"核心区;立足余杭区未来科技城和云城,打造"数字贸易示范区"数字云区;立足钱塘新区,打造"数字贸易示范区"特色集聚区;立足全省高能级平台,推动数字贸易集群建设工程。

加快发展新业态新场景。充分发挥跨境电商新优势,助推数字文化走出去,推进生活数字化融合发展,加快数字云服务发展。以打造展现浙江魅力和重要创新成果的特色示范性场景为目标,加快推进数字应用场景、数字制造场景、贸易数字化场景、展览数字化线上场景建设和推广,提升数字贸易赋能社会效益。推动电子商务和实体商业、生活服务业双向融合,探索创新以供应链管理、品牌建设、线上线下一体等为特征的零售新模式。

构建"互联网+服务贸易"新体系。支持义乌国际贸易综合改革试验区建设,创新市场采购进出口贸易机制,推动市场采购交易方式与跨境电商优势叠加。深化国家文化出口基地——中国(浙江)影视产业国际合作实验区建设,发展"互联网+"文化、旅游、金融、教育、会展、医疗等高端服务业。建立并完善油品、大宗商品、农产品和航运等网络交易平台,支撑油品交易中心、中国(浙江)大宗商品交易中心、浙江国际农产品贸易中心和航运交易中心建设,推进人民币计价与结算,加快完善自贸区航运物流仓储、口岸监管服务智能化功能。

提升数字贸易平台新能级。重点打造国家级数字服务出口核心平台、高能级数字贸易创新平台、数字贸易服务促进平台,进一步提升数字产业集聚效应和辐射带动能力。建设中国跨境电商综试区,深化和扩大产业集群跨境电商发展试点,推动外向型优势产业集群加快数字贸易转型,支持企业以市场化方式推进世界电子贸易平台试点全球化布局。推进税收、外汇等关键环节的监管机制创新,建立适应跨境电子商务特点的海关、税收、支付结算等管理制度,推动货物、资金、信息、服务等各类要素高效流动。

四、数字金融为经济发展提供新动能

金融是现代经济的核心,是推动经济社会发展的重要力量。数字化金融已成为金融业发展创新重要的方式,是大数据、人工智能、区块链技术等前沿颠覆性科技与传统金融业务与场景的叠加融合。根据浙江大学发布的《2020 全球金融科技发展报告》,北京、上海、杭州、深圳四大全球金融科技中心,已经构成了长三角、京津冀、粤港澳三大世界级高地。杭州金融科技使用者占比高达93.5%,是全球唯一一个使用者占比超过 90%的城市,连续三年金融科技体验排名全球首位,成为金融科技体验与数字化应用的全球典范。

金融科技企业苗壮成长。涌现出了蚂蚁金服、恒生电子、同花顺、信雅达、连连支付、同盾科技、邦盛科技、趣链科技等一批新秀企业,在消费金融、供应链金融、区块链金融、大数据征信等诸多细分领域形成了很强的竞争力与影响力,正成为移动支付、大数据风控、区块链、人工智能等领域的生力军。

数字赋能传统机构变革。科技与金融的深度耦合,正推动浙江传统金融形成新的动能。浙江绍兴鼓励辖内银行机构在科技资源集聚地区新设或改造分支机构,成为从事科技企业金融服务的专业或特色分支;浙商银行推出了涌金票据池、应收款链平台、大数据风险管理等带有金融科技"气息"的新型业务;浙江农信运用大数据,创新"普惠快车""小微专车""企业直通车"的"三车"信贷模式,实现"一站式"综合办贷。

平台建设聚集创新资源。以培育金融科技企业为切入点,打造"一超多强＋小微企业群"的金融科技生态体系。成立中国人民银行中钞区块链研究院、北京大学信息技术高等研究院、国际电联数字货币(中国)实验室、浙江省区块链技术研究院、钱塘江金融港湾金融科技实验室,搭建高校金融学科改革创新、金融人才教育、覆盖全球的金融数据库、第三方投研和科技成果转化的多个平台。加快地方各类孵化器、各类科创平台培育,为数字金融发展提供了强劲的动力与支撑。

深入推进钱塘江金融港湾建设。对标全球知名金融中心,吸引新金融业态集聚发展,将钱塘江金融港湾打造成为具有国际影响力、国内优势地位的财富管理和新金融创新中心。以金融特色小镇为主要集聚发展平台,引进和培育一批具有标志性、影响力的私募基金,吸引国内外知名机构在浙江发起设立或合作发展私募基金。以白沙泉并购金融街区为主要集聚平台,增强集聚区对区域产业发展与科技创新的带动和辐射,打造"功能＋集聚＋产业"并购金融价值链,形成"基金＋基地＋创新创业"模式。依托钱江金融大数据创新基地和钱江新金融众创空间,推进金融小镇与产业小镇互动发展,形成金融总部、财富管理、私募基金、金融大数据产业和新金融产业协同发展的生态圈。

大力推进"移动支付之省"建设。全面推进移动支付的普及应用,力争到2022基本建成全国领先的"移动支付之省",实现全省城市全面覆盖、县域基本覆盖。推动生物识别、物联网、计算机视觉、自然语言处理等技术在移动支付领域的融合创新,满足消费者在各类场景下多元化的移动支付需求。以杭州为样板,引领全省各地全面推进"移动支付"在商贸旅游、交通医疗、市政公用、政务服务等领域的普及和应用,并下沉至县城、乡镇。推进支付清算领域国际化发展,依托新金融服务龙头企业,建设跨境电子商务金融结算平台,申请境外相关支付业务牌照,积极向海外输出技术和商业模式。

加快新兴金融全域协同发展。全面统筹推进温州金改、宁波保险创新、台州小微金改、湖州和衢州绿色金改、浙江自贸区金融创新等特色金融工作,形成多个区域特色明显的新兴金融区域中心城市。深入推进全省普惠金融发展,加强数字普惠金融技术的开发和推广,推进"村村通"工程等普惠金融基础设施建设和政策性担保等增信体系建设。持续推进保险与经济社会融合发展,积极发展绿色保险、科技保险、互联网保险等业务,推动宁波国家保险创新综合试验区建设,构建"保险全产业链"。支持推进金融业国际化,积极对接上海国际金融中心,吸引国际机构到浙江设立机构并开展业务,加快推进舟山自贸区金融创新,推进跨境人民币结算示范区建设。

◆◆ 【案例2-2】

跨境电商综合试验区建设

为贯彻落实国务院关于同意设立中国(杭州)跨境电子商务综合试验区的批复精神,加快推进综合试验区建设,推进跨境电子商务产业发展,2015年6月29日下午,中国(杭州)跨境电商综合试验区建设推进大会在浙江省人民大会堂顺利召开,全面建设跨境电子商务综合试验区的"进军号角"至此正式吹响。阿里巴巴、京东、浙江物产、银泰百货、网易、执御、顺丰、费舍尔物流、浙江一达通、中国出口信用保险、中国人民财产保险、中国检验认证等

249 家企业被授予"中国(杭州)跨境电子商务综合试验区首批试点企业"。

2020 年 7 月 31 日,浙江出台 5 个新获批跨境电商综试区实施方案,浙江省政府发布了《关于印发中国(湖州)、中国(嘉兴)、中国(衢州)、中国(台州)、中国(丽水)跨境电子商务综合试验区实施方案的通知》,对浙江省 5 个新获批的国家跨境电商综试区的建设要求、空间布局和重点建设任务进行了明确。此次浙江省 5 个获批跨境电商综试区实施方案的出台,将有利于加快推动跨境电子商务区域综合发展,全面提升区域竞争力和国际竞争力。截至目前,国务院已分五批设立 105 个跨境电商综试区,浙江 10 个设区市获批跨境电商综试区,加上舟山市拥有自由贸易区,实现了 11 个设区市跨境电商综试区全覆盖。

跨境电商综合试验区是新时代中国持续推进对外开放、促进外贸转型升级、推动形成全面开放新格局的重要举措。浙江省通过制度创新、管理创新、服务创新和协同发展,破解跨境电子商务发展中的深层次矛盾和体制性难题,打造跨境电子商务完整的产业链和生态链,逐步形成一套适应和引领全球跨境电子商务发展的管理制度和规则,为推动全国跨境电子商务健康发展提供可复制、可推广的经验,实现跨境电子商务自由化、便利化、规范化发展。

案例简析 〉〉〉

跨境电商综合试验区(以下简称跨境电商综试区)扩区是新时代中国持续推进对外开放、促进外贸转型升级、推动形成全面开放新格局的重要举措。跨境电商综试区再次"扩容",有利于全面复制推广前两批跨境电商综试区探索形成的成熟经验和做法,在全国范围内形成良性发展的跨境电商生态圈。综合试验区将通过制度创新、管理创新、服务创新和协同发展,破解跨境电子商务发展中的深层次矛盾和体制性难题,打造跨境电子商务完整的产业链和生态链,逐步形成一套适应和引领全球跨境电子商务发展的管理制度和规则,为推动全国跨境电子商务健康发展提供可复制、可推广的经验,实现跨境电子商务自由化、便利化、规范化发展。

第四节　打造数字经济体制机制创新先导区

数字经济能够有效推动资源配置方式的市场化、精准化,交易手段的数字化、移动化,市场组织结构的扁平化、平台化,有利于调动市场主体创新的积极性,是释放发展新活力的关键所在。实践表明,生产力突破首先要体制机制改革。只有破除束缚经济发展的体制机制障碍,充分发挥市场在资源配置中的决定性作用,才能有效释放各方面的发展活力。

一、体制机制创新成为数字经济发展的推动力

"体制改革占先机、市场导向增活力、改革开放相促进"形象地体现了浙江发展体制机制优势。正如习近平同志所说:"浙江的活力之源就在于改革,就在于率先建立了能够调动千百万人积极性的、激发千百万人创造力的体制机制。"①党的十八大以来,浙江省委省政府积极利用新一轮科技革命和产业变革的历史契机,在深化数字浙江建设中重点突出数字经济体制机制创新。

以紧跟时代需求的体制改革助推浙江经济高质量发展。省委省政府专门成立省数字经济发展领导小组,建立并优化"1+X"领

---

① 习近平.干在实处 走在前列——推进浙江新发展的思考与实践[M].北京:中共中央党校出版社,2006:85.

导工作体系,制定了"三区三中心"及标志性引领性工程在内的多个专项行动方案,出台了扶持数字经济发展政策措施,设立省数字经济产业投资基金。以数字技术创新和商业模式创新推进创新驱动战略,构建基于互联网的"平台＋生态"模式引领消费升级,推动数字产业化,形成了浙江数字经济的鲜明特征。

以数据驱动的政府服务激发创业创新活力。以创新创业精神与互联网基因叠加推进数字经济发展,成为浙江数字经济带动供给侧结构性改革的主要阵地。从平台、制度、政策、服务多方面优化公共产品供给,营造自由宽松的创业氛围,奠定雄厚扎实的产业基础配套,打造要素齐全的公共平台,实施规范高效的政务服务,从"最多跑一次"到"一次都不用跑",有效降低了企业和创业者的时间成本和金钱成本。

以开放包容的制度环境打造最佳营商环境。浙江创新数字经济治理与监管制度,营造保护产权、支持创新的制度环境,制定电子商务、互联网金融、信用信息管理等相关政策法规,出台包括财政、税收、金融、要素、技术等鼓励创新的激励性政策。率先开展《浙江省电子商务条例》的立法工作,并制定国内首个省级公共数据和电子政务管理办法——《浙江省公共数据和电子政务管理办法》,发布《浙江省数字经济促进条例》,司法和立法保障不断完善,有效助力浙江数字经济的繁荣。

二、积极进行体制机制先行先试探索

浙江省对标建设"重要窗口"的新目标新定位,以浙江省国家数字经济创新发展试验区建设为抓手,创新数字经济多元协同治理体系,加快数字经济体制机制创新。

全面深化政府、经济、社会数字化转型。以"最多跑一次"改革为牵引,推动"一件事"集成改革,推进政务服务"一网通办""掌上执法、掌上办案"常态化运行,持续进行治理服务模式变革与创新,围绕一体化制度创新,不断出台人才、创新、公共服务等领域的支持政策,培植数字经济创新发展的沃土。

加快探索数字科技体制机制创新。系统谋划形成"1+4"政策体系:"1"即研究起草了省政府《关于全面加强基础科学研究的实施意见》,"4"即研究起草了省实验室体系建设方案、省实验室建设工作指引、省级重点实验室优化重组意见、新型研发机构管理办法等 4 个配套政策。加快数字科技全域创新改革,构建"产学研用金、才政介美云"十联动的创新创业生态系统,鼓励有条件的县(市、区)在杭州、宁波以及省外其他数字经济集聚区域建设"研发飞地"。

强化数字经济发展的人才供给。面向全球、全国,招引数字科技领域战略科学家、高层次人才,杭州连续九年成功入选"外籍人才眼中最具吸引力的中国城市"。招引、新建一批世界一流的高校和科研院所,加大对数字经济领域相关学科的投入和人才培育,推动人工智能等交叉学科建设。加强高层次、创新型、复合型人才培养,加快推动科教结合、产教融合协同育人的模式创新。办好世界互联网大会等重大活动,大力吸引数字经济优质项目、创新成果等集聚浙江创新发展,加快在建重点项目建设进度。

深入推进科技管理体制改革。建立高效灵活的创新中心建设运营机制。降低浙江数字科技创新体制机制门槛和成本,加强全球数字经济基础共性标准、关键技术标准的研制和推广。组建数字科技创新联盟,建立集创业孵化、研究开发、技术中试、成果推广等功能于一体的数字经济产业创新服务综合体,探索创新服务、创新资源、科技政策和技术市场跨区域一体化发展机制。探索在国内首推"一人一号",建立科技人员科技创新全生命周期创新服务机制,提升高校院所持续落实高校和科研院所自主权,探索股权期权和分红等激励政策,推进科研经费和项目管理制度改革,激发数字科技创新活力。

构建数字经济新型生产关系。提升数据资源价值,加快公共数据开放和应用创新,增加开放数据集和开放数据项,推进普惠金融、交通出行、医疗健康、市场监管、社会保障、自然资源与空间地理等领域数据开发应用。创造宽松准入环境,探索新业态新模式的"沙盒"监管措施,构建政府引导、平台赋能、龙头引领、机构支撑、多元服务的联合推进机制,探索形成与新业态新模式发展相适应的技术支撑、体制机制和政策环境。推进市场主体平等参与数字经济发展,鼓励和支持民营企业参与数字社会、数字长三角、"数字丝绸之路"等建设,参与重大数字基础设施建设、业务经营和数字经济重大科技攻关。

数字赋能促进新业态新模式发展。加快企业"上云用数赋智",深化实施"企业上云"行动,完善企业"上云用云"标准体系;搭建中小微企业与平台企业、数字化服务商的对接机制,鼓励开发"轻量应用"和"微服务";创新"云量贷"服务,推行普惠性上云用数赋智服务,以金融扶持形式鼓励平台为中小微企业提供数字技术、产品和服务。实施线上创业就业激励行动,拓展数字化创业就业新空间,强化"互联网平台+创业单元"等新模式效应,支持微商电商、网络直播等多样化的自主就业、分时就业;壮大"微经济"等个体经济,支持微内容、微创新、微应用、微产品、微电影等万众创新,推动兼职就业、副业创业等个体新就业模式发展;鼓励灵活就业和多点执业,探索适应跨平台、多雇主间灵活就业的权益和社会保障等政策制度,完善适应新职业、新工种变化的人才培养、职业技能等级认定、职业行为规范等相关政策。

完善重点领域法规准则和制度体系。实施《浙江省数字经济促进条例》,推进新型数字基础设施建设,加快市政、交通、能源、电力、水利等传统基础设施的数字化改造,构建高效协同的数据处理体系,实现感知系统互联互通和数据共享;遵循依法规范、促进流通、合理使用、保障安全的原则,加强数据资源全生命周期管理,提升数据要素质量,培育发展数据要素市场,促进大数据开发利用和产业发展,推进治理工作数字化。建立数字贸易制度体系,全面深化服务贸易创新发展试点,构建以高端服务为先导的"数字+服务"新业态新模式,推动服务外包向高技术、高品质、高效益、高附加值转型升级。加快数字贸易标准体系建设,构建兼顾安全和效率的数字贸易规则,在数据交互、业务互通、监管互认、服务共享等方面开展数字贸易规则研究,推动数字证书、电子签名等的国际互认。一些互联网巨头,起初依靠创新从竞争中脱颖而出,但是一旦成为"巨无霸"以后,若未及时健全相应的公平竞争秩序,也有可能会对创新和竞争产生负面影响。互联网公司获取了公民大量的数据,在数据安全方面,也存在着一定的隐患。浙江努力创新监管机制,加强数字资源保护体系建设,加快推出和国际通行规则接轨的监管举措,强化反垄断和防止资本无序扩张,形成有本省特色的监管体系。

◆◆ **本章小结**

浙江省委省政府把数字经济作为推进高质量发展的"一号工程",制定并实施数字经济五年倍增计划,加快推进"三区三中心"

建设,即全国数字产业化发展引领区、产业数字化转型示范区、数字经济体制机制创新先导区,具有全球影响力的数字科技创新中心、新型贸易中心、新兴金融中心。这是浙江顺应数字经济时代潮流的战略决策部署,更是浙江经济实现高质量发展、抢占未来发展制高点的必由之路。

◆◆ **思考题**

1.数字经济的内涵和特征是什么?浙江省数字经济发展分为哪些阶段?各个发展阶段具有哪些特征?

2.浙江省重点支持哪些数字产业集群做大做强,开展哪些万亿级新兴产业培育,有什么好的方法和路径?

3.如何进一步深化数字技术与农业、制造业、服务业的融合,助推浙江省产业数字化发展?

4.浙江省将在哪些领域深化体制机制创新,破解数字经济发展瓶颈?

◆◆ **拓展阅读**

1.陈畴镛,王雷,周青.网络强国战略与浙江实践[M].北京:科学出版社,2016.

2.刘亭,应瑛等.信息经济发展测评与咨询建议[M].北京:中国经济出版社,2019.

3.浙江省人民代表大会常务委员会.浙江省数字经济促进条例(浙人大公告〔2020〕44号)[R/OL].(2020-12-25)[2021-05-31].http://jxt.zj.gov.cn/art/2021/1/7/art_1582892_22516.html.

4.中共中央党史和文献研究院.习近平关于网络强国论述摘编[M].北京:中央文献出版社,2021.

在以信息化培育新动能方面,要加快推动数字产业化,发挥互联网作为新基础设施的作用,发挥数据、信息、知识作为新生产要素的作用,依靠信息技术创新驱动,不断催生新产业新业态新模式,用新动能推动新发展。在改造提升传统动能方面,要推动产业数字化,利用互联网新技术新应用对传统产业进行全方位、全角度、全链条的改造,提高全要素生产率,释放数字对经济发展的放大、叠加、倍增作用。要推动互联网、大数据、人工智能和实体经济深度融合,加快制造业、农业、服务业数字化、网络化、智能化。

——摘自习近平总书记《在全国网络安全和信息化工作会议上的讲话(2018 年 4 月 20 日)》[①]

第三章 浙江数字经济创新发展的特色与经验

◆◆ 本章要点

1. 数字科技创新是数字经济发展的主动力,浙江通过实施数字技术强基工程、数字技术攻关工程和数字技术协同创新工程,打造全球数字科技创新高地,不断强化数字科技创新对数字经济发展的引领和支撑作用。

2. 数字技术和实体经济深度融合是数字经济发展的加速器,浙江以信息化和工业化深度融合国家示范区建设为契机,从机器换人、智能化改造、企业上云到工业互联网梯度推进、层层深化,逐

---

① 习近平.在全国网络安全和信息化工作会议上的讲话(2018 年 4 月 20 日)[M]//中共中央党史和文献研究院.习近平关于网络强国论述摘编.北京:中央文献出版社,2021:136.

步探索出一条具有浙江特色的"两化"融合发展之路,为浙江制造业高质量发展提供了有力支撑。

3.商业模式创新是数字经济发展的引力场,浙江重点围绕构建数字化消费生态体系,在企业上云用数赋能、数字生活场景推广、数据要素增值等方面,培育壮大各类新业态新模式,以数智化驱动的现代服务业正加快向高质量发展嬗变。

4.制度创新是数字经济发展的催化剂,浙江着力打造高效协同的政务生态系统、充满韧性的产业生态系统、富有活力的创业生态系统,吸引了越来越多的创新创业人才、创业资本加速向浙江集聚,推动创新创业精神与互联网基因产生叠加效应,不断拓展数字经济发展新空间。

浙江以深化供给侧结构性改革为主线,实施数字经济"一号工程"战略部署,大力推进数字产业化、产业数字化,探索创新数字经济发展体制机制。数字经济已经成为浙江高质量发展的新动能,并形成了以数字技术创新为主动力、以数字技术和实体经济深度融合为加速器、以商业模式创新为引力场、以创新创业精神与互联网基因叠加为催化剂的浙江数字经济创新发展特色与经验。

第一节　数字科技创新催生新发展动能

党的十八大以来,浙江省委省政府积极利用新一轮科技革命和产业变革的历史契机,审时度势深化数字浙江建设。浙江先后被国务院和国家有关部委批准设立首个中国跨境电子商务综合试验区,建设全国首个"两化"深度融合国家示范区和首个国家信息经济示范区。数字经济被浙江省委省政府作为推动高质量发展的"一号工程",全力推进之江实验室、阿里达摩院等一批高能级创新平台建设,梳理一批数字经济关键核心、"急用先行"和前沿技术3类清单进行联合攻关,数字经济核心产业制造业技术研究开发费用占营业收入的比重达3.95%。

大数据、云计算、人工智能、区块链等前沿数字技术正加速创新进步和普及应用,产业应用生态持续完善,不断强化未来发展动力。浙江数字技术创新十分活跃,通过建设数字技术强基工程、数字技术攻关工程和数字技术协同创新工程,打造全球数字科技创新高地,夯实数字经济发展的关键动力,不断催生数字经济新发展动能。

一、以数字科技协同创新为关键动力

浙江省坚持把创新作为数字经济发展的第一动力,以全省之力和市场化机制、前所未有的力度和超常规举措,加强基础研究和核心技术攻关;以数字产业化和产业数字化为双轮驱动,着力提升数字产业规模能级,以制造业数字化转型为突破口,积极推进互联网、大数据、人工智能与实体经济深度融合,赋能实体经济焕发新动能①。

提早谋篇布局,夯实发展基础。在数字技术领域,浙江着眼于提早谋篇布局,夯实发展基础,努力在基础理论和通用技术、关键共性技术、软硬件技术等不同层面实现新突破,建设数字技术强基工程、数字技术攻关工程和数字技术协同创新工程等三大工程,对

---

① 浙江省数字经济发展领导小组办公室. 数字经济"示范生"的几点启示——浙江省国家信息经济示范区建设终期评估总结报告(下篇)[J]. 信息化建设,2019(11):40-45.

标国际一流水平,高标准建成之江实验室等新型科研机构,在数字技术领域建成一批具有国际先进水平的大科学装置和实验验证平台,以数字技术创新推进创新驱动战略,通过技术创新突破活动激发新产品、新服务、新应用不断涌现。

实施数字技术强基工程,双轮驱动释放发展潜力。从"数字产业化"和"产业数字化"两端协同发力,通过数字技术渗透,释放增长潜力。以国家战略需求和"数字产业化"为导向,加快推进重大创新平台建设,促进量子通信、5G 商用、金融科技、区块链等产业化,主要包括:推进之江实验室、阿里达摩院、西湖大学、浙江清华长三角研究院、北京航空航天大学杭州创新研究院等建设;支持之江实验室争创国家实验室,支持中电海康集团创建自旋电子器件与集成系统国家重点实验室,支持阿里巴巴集团和杭州市创建国家数据智能技术创新中心;支持浙江大学、之江实验室谋划建设工业互联网安全、量子精密测量与观测等大科学装置。聚焦"产业数字化",将工业互联网作为推动制造业数字化转型的关键支撑,打造"1+N"工业互联网平台体系。

实施数字技术攻关工程,突破核心技术,抢占数字科技创新高地。浙江省以核心技术产品的国产替代为目标,重点突破一批核心技术。一是实施"领雁计划",在专用芯片、开源芯片、人工智能、区块链、大数据、云计算、网络通信、量子计算、先进制造与智能装备等领域重点突破核心关键技术。二是实施"尖兵计划",在数字安防、智能网联车、工业机器人、工业互联网、精密加工机床、柔性显示等领域实现"卡脖子"技术攻关的重大突破。

实施数字技术协同创新工程,合力提升数字经济创新竞争力。聚焦新一代信息技术、数字经济、金融科技等产业领域,搭建科技创新研发、培育、服务等功能平台,集聚国内外行业龙头企业总部、设计研发中心、结算中心等,打造数字技术协同创新示范区。联合实施长三角关键核心技术协同攻关项目,三省一市共同争取国家2030重大战略项目和国家科技重大专项。推进杭州、德清国家新一代人工智能创新发展试验区建设。加快省级数字经济领域特色小镇、"万亩千亿"新产业平台等建设。

实施数字基础设施提升工程,助推数字经济高质量发展。浙江高度重视数字基础设施建设,通信网络基础设施加快升级,互联网设施加速发展,算力类基础设施不断完善,感知类基础设施加快布局,融合型基础设施规模商用,北斗地基增强系统完成布局,产业生态初具规模。网络通信产业链以新华三、三维通信、东方通信、富通集团等为代表,在新型网络通信设备制造方面具备较强影响力;智能计算产业链形成以阿里云、网易云为龙头,网银互联、网鼎科技、杭钢集团、浙报传媒等算力服务提供商和设备提供商共同组成的产业集群格局;人工智能产业位居国内第一梯队,人工智能产业企业近500家;区块链产业位列全国"第一方阵",具备竞逐全球区块链产业高地的基础和条件。

◆◆◆【案例 3-1】

之江实验室"之江天枢"人工智能开源平台启动上线

2020年8月1日,之江实验室举行发布会,面向全球开发者开源上线"之江天枢"人工智能开源平台。"之江天枢"平台由之江实验室联合北京一流科技、中国信通院、浙江大学等业界顶尖力量共同研发,是国内首个由新型研发机构牵头打造的国产自研人工智能开源平台。以深度学习框架为核心的人工智能开源平台,上承算法应用,下接底层硬件,是大规模人工智能应用的引擎和发动机,是数据驱动智能技术研发和产业化的关键基础设施。"2018年初,我在之江实验室提出'要打造具有自主知识产权的人工智能开源平台'的构想,希望吸引全世界的人工智能从业者和爱好者通过我们的平台,把最先进的人工智能算法和技术汇聚到这里,进而解决我国人工智能核心技术'卡脖子'问题。"潘云鹤院士在致辞中说。自2018年10月启动人工智能开源平台研发,到2019年1月获国家发改委项目支持,再到2020年8月开源上线,"之江天枢"团队近百名研发人员,历时650余天科研攻关,成功完成平台第一个版本的研制,并上线具有独特性能优势的计算框架、开发平台和工具组件。"'之江天枢'人工智能开源平台的目标就是'至快至简',以更加通用的模型和工具,帮助科研人员提升算法研发效率,增强算法泛化能力,从而支撑不同领域多样化的研发需求,推动人工智能赋能各行业发展。"之江实验室副主任鲍虎军在介绍天枢平台时说。

本次上线的"之江天枢"平台具备四大核心优势:开发友好、训练高效、可视化分析、模型炼知。"天枢平台能够实现一站式开发,预训练模型、智能标注等大大降低了研发门槛,让神经网络的编写逐渐变得像搭积木一样简单。同时,分布式计算引擎支持超大规模模型训练,计算性能得到了较大幅度的提升。"鲍虎军介绍。

第三方实测显示,"之江天枢"平台拥有出色的线性加速比,支持数据并行、模型并行和混合并行。鲍虎军说:"天枢平台已经在智能安防领域的人工智能公司落地应用,实现了千万级人脸识别模型训练。在广告推荐领域,支持百亿级特征超大规模 Deep and Wide 模型训练。"值得一提的是,"之江天枢"平台重磅推出了领先的模型重组炼知技术。这一全新的模型生产方式,能够实现灵活按需定制模型,让复杂模型的开发变得更加高效,并且已经在智能视觉领域率先实现应用。开源开放是人工智能快速发展的重要推动力。当日,聚码坊开源社区也正式上线。该社区致力于推动开源生态建设,构建人工智能生态朋友圈,推动人工智能行业发展。

案例简析 >>>

之江实验室面向全球开发者开源上线"之江天枢"人工智能开源平台,其为大规模人工智能应用的引擎和发动机,是数据驱动智能研发和产业化的关键基础设施。这是我国自主打造的知识产权AI平台,之江实验室希望以此吸引全球的人工智能从业者以及爱好者,同时以此汇聚最先进的人工智能算法核技术;"之江天枢"的目标是"至快至简",将利用其开发友好、训练高效、可视化分析、模型炼知的优势全面提升AI生产力;"之江天枢"能够实现一站式开发,降低研发门槛,同时分布式计算引擎支持超大规模模型训练,使计算性能得到较大幅度的提升;"之江天枢"面向智能安防、智能金融、智能医疗、智能交通、智能城市、智能机器人六大领域,构建其AI核心生态圈。

二、以数字经济创新平台为载体支撑

浙江将创业创新的"土壤"培育作为发展数字经济的关键举措,以数字经济创新平台为载体支撑,集聚数字经济领域创业创新资源,全面激发数字经济发展活力。数字经济平台包括科技城、特色小镇、高新园区等空间载体,是利用互联网、大数据、算法等技术,打破时空限制,链接各类主体,提供信息、搜索、竞价、调配、社交、金融等综合性服务的新型经济组织,也是融合企业和市场功能,兼具一定的政府、行业协会和公益组织等公共属性,对国民经济起到支撑性、稳定性作用的新型基础设施[①]。浙江在区块链、人工智能、大数据、物联网、云计算等新技术引领下,以科技城、特色小镇、孵化器等数字经济空间平台建设为支撑,打造融合企业和市场功能的多元化数字经济平台,为数字经济创新发展提供了有效载体。

以高新园区和特色小镇等新型载体,带动产业集聚发展。目前,浙江全省已形成了通信和计算机网络、软件和信息服务、通信电缆及光缆、电子信息机电和新型电子元器件及材料等5个超千亿元产业集群,杭州国际软件名城、宁波特色软件名城建设成效明显。全省建有软件和信息服务产业示范、特色和创业基地34个,省级集成电路产业基地6个,省级"万亩千亿"新产业平台6个。

构建基于大企业双创平台,发挥龙头企业作用。阿里巴巴在2009年成立了阿里云,在云计算基础设施领域,覆盖了从域名、备案、解析、计算、网络、存储、数据库、安全、海量数据分析到互联网中间件等一站式服务,打造了飞天云操作系统、飞天大数据平台、数据中台、业务中台、智联网AIoT。为支持企业数字化转型的使命,阿里云能为广大中小微企业数字创新提供众多云服务。

因地制宜打造创新发展平台,促进特色发展。浙江各地政府立足自身功能定位,依托现有产业基础和特色优势,积极打造数字经济发展大平台和高端创新中心,形成全球产业竞争的新高地。杭州拥有之江实验室、阿里巴巴达摩院、浙江大学、西湖大学等众多高端创新平台,在城西科创大走廊布局人工智能小镇,为数字经济创新发展注入了源源不断的新动能;宁波以工业互联网为导向,加快建设甬江大走廊,布局以人工智能为核心的产业体系;嘉兴则

---

① 杨东.数字经济平台在抗疫中发挥重大作用[J].人民周刊,2020(11):74-75.

以全面接轨上海为重点战略,成为 G60 科创走廊进入浙江省后的首站,以清华大学长三角研究院等创新平台为载体,打造柔性电子特色小镇、培育智能汽车核心企业,主攻数字经济上下游产业的核心技术。

◆◆◆【案例 3-2】

数字经济特色小镇建设

浙江省于 2015—2020 年公布了六批特色小镇名单,其中有四批 42 个省级命名小镇、六批 125 个省级创建小镇、五批 66 个省级培育小镇。① 而在这一众小镇中,数字经济特色小镇充分体现了突出数字产业特色、强化高端要素集聚、引领高质量发展的平台效应。

萧山信息港小镇在 3.04 平方公里的土地上,先后落地 16 家上市公司、5 家独角兽企业、12 家准独角兽企业、65 家估值超亿元企业,3 个国家级众创空间,集聚 3 万余名创业创新者,平均年龄 26.8 岁。2014 年,税收 170 万元,2020 年,税收 30.55 亿元。

位于信息港小镇的微医集团,被称为"医疗界亚马逊",从 6 年前最初团队人数不到 100 人、估值不足 1 亿美元,如今拥有 3000 多名员工、估值近 70 亿美元。以微医集团为龙头的中国智慧健康谷,就集聚了 200 余个优质项目:生物科技公司歌礼、疫情期间以数字影像技术助力新冠肺炎筛查的健培科技、萧山区最大的第三方核酸检验机构美联医学、运用 DOBI 智能乳腺筛查及分级诊治系统向中国女性第一"杀手"乳腺癌宣战的杜比医疗、一站式基层医学检测服务实体平台云呼科技等。

浙大睿医人工智能研究中心、讯飞人工智能研发中心、浙大·

---

① 数据来源:浙江特色小镇网(http://tsxz.zjol.com.cn)。

一知人工智能研究中心等产学研平台纷纷落地。2020年11月,信息港获评杭州市唯一一个国家火炬新一代人工智能特色产业基地,进一步促进高端资源集聚。6年间,这些龙头企业、优质项目带动产业集聚,奠定了信息港小镇1个"智慧港"和X个"智慧谷"的产业集群发展模式,以微医集团为龙头的中国智慧健康谷、以科大讯飞为龙头的中国人工智能谷、以新奇点为龙头的中国智慧交通谷、以华澜微为龙头的中国集成电路设计谷等具有鲜明特色的产业集群,通过以企引企,进一步强链、补链、拓链,形成了"头部企业+独角兽+初创企业"全产业链发展的优质生态①。

案例简析 >>>

作为浙江省践行新发展理念、率先实现高质量发展的高端平台,数字经济特色小镇一直都是浙江的一张"金名片",以其很小的空间资源,撬动了极大的发展效能,切实发挥了"小区域大集聚、小载体大创新、小平台大产业、小空间大贡献"的支撑作用。

第二节 融合创新推动供给侧结构性改革

促进互联网、大数据、人工智能与实体经济深度融合,以创新创业精神与互联网基因叠加推进产业数字化,成为浙江数字经济带动供给侧结构性改革的主要阵地。浙江坚持以数字化改造为路径重塑制造业新优势,通过实施"十万企业上云"行动计划、扎实推进"1+N"工业互联网平台体系建设、率先应用"5G+智能制造"等,推动企业由"制造"逐步迈向"智造",实现从"机器换人"到建设

---

① 萧山区委报道组.杭州湾信息港:年轻小镇 萧山"硅谷"[N].浙江日报,2021-02-23(014).

"无人车间""无人工厂"再到建设"未来工厂"的华丽转变,企业智能化水平不断提升。数字贸易、数字金融更是浙江服务业创新发展的特色亮点,数字丝绸之路带动了开放创新、联动合作,在国际贸易复杂多变的形势下,杭州、宁波、义乌跨境电商综试区建设成效明显。

一、"两化"深度融合打造制造业新生态

浙江以信息化和工业化深度融合国家示范区建设为契机,遵循产业发展规律,从机器换人、智能化改造、企业上云到工业互联网梯度推进、层层深化,逐步探索出一条具有浙江特色的"两化"融合发展之路,为浙江制造业高质量发展提供了有力支撑。

大力发展工业互联网,为数字浙江注入强大的动力。大力推进集成创新和平台创新,重点抓好"一核、两链、四支撑"。一核,就是紧紧抓住"1+N"工业互联网平台这个核心。加快完善"supET"基础性平台,积极培育行业级、区域级、企业级平台,提升工业互联网平台服务能力。两链,就是抓好"内链"和"外链"。在企业内部,打通人机物的闭环系统,构建工厂内部人与机器、机器与物料、机器与机器互联的网络结构;在企业外部,全向打通上下游供应链、销售链,加快构建大数据支撑、网络化共享、智慧化协作的上下游全产业链体系。四支撑,即企业上云、5G边缘计算、工业互联网智能终端应用、网络安全保障。企业上云方面,推动企业业务系统向云端迁移,鼓励开展研发设计、生产制造、运营管理、供应链协同等应用;5G边缘计算方面,重点加快5G网络规模试点和应用示范,积极推进IPv6规模部署和应用,深入实施"云上浙江""宽带浙江""泛在浙江"行动,优化大数据中心布局;工业互联网智能终端应用方面,大力实施工业技术软件化行动,全面开展分行业、分区域工

业 App 应用试点,加快构建工业 App 开发、流通、应用的新型网络生态系统;网络安全方面,重点建设工业互联网攻防实验室,加快健全涵盖设备安全、控制安全、网络安全、平台安全和数据安全的多层次安全保障体系,显著提升安全技术防护能力。

数字赋能制造业发展,着力培育新模式新业态。一是个性化定制。"十三五"期间,浙江省培育了 105 家省级个性化定制示范试点企业,确定了 31 个浙江省首批网络个性化定制试点项目,个性化定制在服装、装备、家电、家居等领域应用逐渐普及。二是网络化协同。推动企业间基于数据的设计、生产、物流、仓储等环节的高效协同,培育省级网络协同制造示范企业 108 家。三是服务型制造。组织开展了 4 批省级服务型制造示范企业(平台)创建工作,遴选出 176 家省级示范企业、60 家省级示范平台,其中 19 家企业列入国家级服务型制造示范企业(项目、平台)名单。重点行业工业企业采购环节和销售环节电商应用普及率分别达到 55.71% 和 52.59%。四是智能化生产。建设 263 家数字化车间/智能工厂,探索建设 12 家"未来工厂",形成一批智能制造新模式。截至 2020 年 9 月底,全省累计在役工业机器人达 10.3 万台[①]。

二、制造业数字化转型充分释放乘数效应

浙江坚持"腾笼换鸟、凤凰涅槃",抢抓工业互联网机遇,深入实施数字经济"一号工程"和五年倍增计划,加快传统产业数字化改造,积极培育新兴产业集群,助推制造业高质量发展,走出了一条"老树发新枝、新树深扎根"的转型新路。

着力增强制造业创新能力。把创新驱动摆在产业数字化的重

---

① 浙江省信息化和工业化深度融合国家示范区建设成就[EB/OL].(2020-12-24)[2021-05-04].https://www.sohu.com/a/440332107_763670.

中之重位置,提升"三大能力"。一是提升基础创新能力。围绕制造业重点领域,组织实施一批重大科技专项,充分发挥之江实验室、浙江大学、阿里巴巴的综合集成优势,努力形成一批重大创新成果。二是提升产业创新能力。谋划建设智能云平台、量子计算研究等大科学装置,加快5G、智能网联汽车、无人机配送等试验平台建设,积极培育产业创新中心、制造业创新中心、产业创新综合服务体和企业技术中心。三是提升关键核心技术研发能力。实施关键核心技术攻关工程,集中力量攻克一批产业发展瓶颈,提升关键核心技术和产品自给率。

着力推动制造业结构优化升级。一是抓传统制造业改造提升,深入实施传统制造业改造提升行动计划,加强工业机器人应用和数字化车间、智能工厂建设,促进传统制造业安全、绿色、集聚、高效发展。二是抓新兴产业培育,加快发展新能源、新材料、人工智能等新兴产业,超前布局区块链、虚拟现实、量子信息、柔性电子等关键技术研究与产品开发,推动浙江制造品质加快提升。三是抓先进制造业和现代服务业融合发展,加快提升生产性服务业,重点培育发展网络化协同研发制造、大规模个性化定制、云制造等智能制造新业态新模式,打造一批服务型制造公共服务示范平台。

着力推进制造业企业主体升级。以产业数字化领域为重点,大力实施企业上市和并购重组"凤凰行动"、培育本土跨国公司"雄鹰行动"、培育单打冠军隐形冠军"雏鹰行动",深入实施高新技术企业和科技型中小微企业"双倍增"计划,支持科创企业上市。大力培育数字经济世界一流企业、上市企业、独角兽企业、准独角兽企业,形成大中小微企业协同共生的数字经济产业生态。

◆◆◆【案例 3-3】

"1＋N"工业互联网平台体系

2020 年 5 月,阿里云联合新天元色纺打造的色纺行业级工业互联网平台正式落地,该平台依托于阿里云 supET 工业互联网平台,通过整合阿里云及其生态的行业解决方案能力,联合新天元色纺共同推进色纺行业的数字化转型,实现供应链和制造能力的协同。新天元色纺是全球最大的色纺梭织面料供应商,这次与阿里云联合打造的色纺行业级工业互联网平台,打通了色纺产业上下游供应链,推动产业链智能信息化生产,成为色纺行业统一性平台,同时,平台可以实现信息数据的共通,为服装厂、服装品牌服务,依据大数据的数字化流行趋势,让色纺企业更准确地链接面料和服装设计师。此外,该平台还引入非色纺领域,可成为链接纺织和服装时尚领域的产业互联网的生态平台。阿里云 supET 工业互联网平台负责人韦伟表示,色纺行业是阿里云 supET 工业互联网平台在帮助制造企业进行数字化转型过程中的一环,为了帮助更多的制造企业进行数字化转型,阿里云 supET 工业互联网平台逐步探索出一条"以平台化驱动数字产业化、服务产业数字化"的发展道路,通过联合工业领域的专业服务商,形成 N个行业级区域级平台,共同打造成为"1＋N"的工业互联网平台的成熟体系。

案例简析 >>>

作为全国唯一的信息化和工业化深度融合国家示范区以及国家信息经济示范区,浙江省在工业互联网领域率先提出"1＋N"的工业互联网平台体系:支持阿里云、浙江中控、之江实验室及省内外其他优势企业和科研机构强强联合、开发合作,共同打造"1"个具有国际水平的基础性平台——supET，其致力于打造包容、共赢、开放、协作的工业互联网生态，为制造业企业提供一站式的数字化、网络化、智能化服务，促进工业互联网与消费互联网融通发展，推动新一代信息技术与实体经济深度融合，同时面向细分行业、产业聚集区和大型制造企业数字化、网络化、智能化发展需求，培育一批定位精准、具有特色的行业级、区域级、企业级工业互联网平台。通过成立 supET"1＋N"工业互联网平台联盟，浙江省在"互联网＋先进制造业"发展上又迈出了关键一步。

第三节　新业态新模式引领消费升级

随着数字化技术的推进，整个社会都在重构，商业模式将面临价值颠覆、平台模式、跨界融合三大趋势。其中，价值颠覆即用数字化技术或者新的商业模式让产品和服务变得更简单、更便捷、更便宜；平台模式包括依靠消费者数据化推进的"2C 平台"和依靠生产端数据化推进的"2B 平台"；跨界融合主要有产品智能互联导致的跨界融合和客户被大量聚集导致的跨界融合两种形式。数字化正在进入新阶段，数字技术从以前的支撑系统，变成生产系统和决策系统，以 5G、IoT、云计算、AI 为代表的数字技术创新日益重要，成为驱动商业模式变革、带动消费升级的关键。

商业模式创新是数字经济发展的引力场，浙江重点围绕构建数字化消费生态体系，在企业上云用数赋能、数字生活场景推广、数据要素增值等方面，制定数字赋能促进新业态新模式发展行动计划，培育壮大各类消费新业态新模式，以数智化驱动的现代服务业正加快向高质量发展嬗变。

一、数字赋能新业态新模式快速发展

数字技术驱动数字经济新业态新模式不断涌现。以数字技术创新和商业模式创新推进创新驱动战略,构建基于互联网的"平台＋生态"模式引领消费升级,推动数字产业化,形成了浙江数字经济的鲜明特征。浙江新经济、新模式走在全国前列,拥有目前全球最大的独角兽企业——蚂蚁金服,全球第三的云服务平台——阿里云,国内领先的智能医疗平台——微医集团,以及网易云音乐等一批覆盖领域广泛的独角兽企业,已成为服务业新业态、新增长点的引领者。

抓顶层设计明确目标定位,引导"三新"经济发展。2020年11月12日,浙江省人民政府办公厅印发《浙江省数字赋能促进新业态新模式发展行动计划(2020—2022年)》,要求深入实施数字经济"一号工程",全面开展"数字赋能626"行动。重点围绕构建数字化消费生态体系,在企业上云用数赋能、数字生活场景推广、数据要素增值等方面,培育壮大各类消费新业态新模式。云经济、宅经济、微经济、共享经济、无人经济、无接触经济等新业态蓬勃发展,直播带货、社群电商及共享办公、在线教育、互联网医疗等领域不断涌现创新模式。新冠疫情防控期间,数字服务进一步培养了消费者线上消费习惯,在线娱乐、生鲜电商、在线问诊、在线教育、在线办公等多种形式的数字生活解决了"非接触式服务"的需求,企业也纷纷参与到数字服务的"黄金赛道"①。

技术赋能消费升级,引领新型消费快速发展。2020年8月19日,浙江省人民政府办公厅印发《关于促进消费扩容提质加快激发

---

① 李佳.浙江新业态新模式　引领新型消费快速发展[EB/OL].(2020-11-18)[2021-10-30].http://news.cnr.cn/native/city/20201118/t20201118_525333611.shtml.

居民消费潜力的实施意见》，组织召开一系列贯彻《意见》座谈会，通过门户网站、微信公众号等广泛宣传新消费新业态新模式，鼓励地方加大财政、金融对新型消费发展和消费扩容提质的支持力度。浙江新型消费高速增长、线上消费表现活跃，智能化、多元化的新消费业态层出不穷迅速补位，直播经济成为消费市场上一抹亮色。以杭州为例，现有淘宝直播、抖音、蘑菇街、有赞、云集、有播等头部直播平台，主播约 40 万人，一定规模产业化的直播电商基地、园区数十个；积极营造新消费场景，推动线上线下融合消费，打造湖滨步行街专属文化品牌"湖上"系列 IP 吸引客流，涵盖湖上直播间、湖上市集、湖上睡前练会琴、湖上乐客厅等，街区周末人流较 2020 年同期增长 50%；综合运用 5G 技术、VR（虚拟现实）技术等元素，营造"沉浸式"场景拉动消费。

二、数智化带动现代服务业创新发展

浙江省坚持"包容创新、鼓励探索、积极培育"的发展导向，促进平台经济、共享经济、体验经济和创意经济等四大经济创新发展，数智化带动现代服务业创新发展。一是平台经济。加强大数据、云计算、物联网等技术的应用推广，结合浙江产业发展特色和平台经济发展基础，重点发展电子商务平台、大宗商品交易平台、物流服务平台、云服务平台、政务服务平台等领域。二是共享经济。采用云计算、大数据、人工智能等新技术，在制造领域建立数据驱动型的共享经济生态，加快企业间创新资源、生产资源的共享，提升研发设计、生产控制、检测试验、智能制造的集成服务水平；围绕交通、旅游、医疗、健康、知识技能等服务业领域，充分运用互联网技术，开展服务模式创新，提高智能服务水平。三是体验经济。加大 AR（增强现实）/VR 等新技术推广应用力度，拓宽体验领域,开发沉浸式体验新产品新服务;加强大数据、移动位置服务等新技术在商业中心、专业市场中的应用,推动发展社交化、情景化和智能化新商圈;利用 AR/VR 等新技术创新体验模式,发展线上线下新型体验服务。四是创意经济。依托中国美术学院、浙江大学、浙江传媒学院等一批高等院校,充分挖掘浙江丰富的历史文化底蕴和特色传统文化资源,结合浙江产业优势推动创意经济发展,重点发展影视演艺、数字内容、创意设计、工艺美术等领域,加快浙江文化大省建设。

以"数智化"为抓手,助推浙江服务业向"新服务"跃升。一是推动服务业数字化。鼓励利用新一代信息技术改造提升服务业,创新要素配置方式,推动服务产品数字化、个性化、多样化;加强数据资源在服务领域的开发利用和云服务平台建设,推进政府信息、公共信息等数据资源开放共享;促进人工智能在教育、环境保护、海洋、交通、商业、健康医疗、金融、网络安全、社会治理等重点领域推广应用,促进规模化发展。二是推进产业融合化。顺应产业跨界融合发展趋势,大力促进互联网、大数据、人工智能与实体经济的相互渗透、深度融合及裂变;树立"互联网+"思维,大力推动"文化+""旅游+""金融+"等产业融合发展,培育新业态新模式,实现价值再造。三是丰富服务业文化内涵。鼓励企业提升文化原创能力和研发能力,提升服务产品文化价值,采用更多文化元素进行服务产品设计与创新;提升研发设计、商务咨询等服务的文化创意含量,将传统文化、民俗风情和区域特色注入旅游休闲、文化娱乐、体育健身、健康养老等服务;鼓励用文化提升品牌价值,打造具有文化内涵的服务品牌。四是提升开放发展水平。加大引资引智力度,大力发展高层次外向型服务业;逐步放宽服务业市场准入,依法简化外资企业设立和变更管理程序,鼓励外商投资工业设计、文化创意、工程咨询、检测检验认证、现代物流等产业;积极引进境外专业服务行业,完善跨境支付、境外消费,提升服务贸易自由化便利化水平。

◆◆◆【案例 3-4】

阿里电商平台打造"双 11"购物狂欢节

随着电子信息技术的发展,电商购物俨然成为当红的消费形态之一,新型电商购物狂欢节为电商企业带来了巨额的利润。2020 年"双 11"全网销售额为 3329 亿元,虽然同比下降 18.8%,但阿里系仍然是市场的主导者,天猫、淘宝的销售额占全网销售额的比重达到 59%。从 2009 年到 2020 年十余年间,阿里"双 11"不断突破交易额纪录,实现从 5000 万元到 4982 亿元的交易金额的飞跃。根据和讯网报道,阿里"双 11"能再创纪录得益于金融科技助力。在 11 月 11 日当天,网联平台共处理 11.7 亿笔跨机构交易,峰值达到 9.2+万笔/秒。其中"生物识别、区块链溯源和智能化风控"技术逐渐成为主流。而支付宝全天实时计算处理峰值超过 17.18 亿条/秒,这都得益于支付宝金融科技去中心化的架构改造和迭代发展,通过建立分布式数据库平台和分布式架构,保障"双 11"支付洪峰。2020 年 11 月 3 日,在阿里巴巴"双 11"技术沟通会上,阿里巴巴集团公布了大规模运用于 2020 年"双 11"的十大前沿技术,包括正式上岗的物流机器人小蛮驴、支持 214 种语言的直播实时翻译、"虚拟主播"替代真人进驻淘宝直播间,既有基于数字技术的原生商业创新,也有引领时代的基础技术突破,"双 11"的巨大消费潮体现出我国目前内需市场仍有挖掘潜力。

案例简析 >>>

现阶段"双 11"的蓬勃发展和繁荣给网络经济带来了无限生机。互联网普及后,电商发展平台和渠道增多,创造了许多新的就业机会和经济价值。从"双 11"年年突破交易额纪录现象来看,这跟互联网普及和参与商家数量增加有关。从现有"双 11"的交易规模来看,线上电商经济还有发展的潜力,未来互联网及移动设备还有普及的空间,这都将对我国经济发展起推动作用。

第四节　制度创新引领构建良好产业生态系统

以"最多跑一次"改革为引领,通过制度创新与政府服务打造最佳营商环境,激发市场主体创新创业活力,为浙江数字经济创新发展提供了根本保障。浙江各地搭建促进资源集聚和创新创业的平台载体,营造保护产权、支持创新的制度环境,出台包括财政、税收、金融、要素、技术等鼓励创新的激励性政策。

体制机制改革、营商环境优化等构成数字经济发展的生态圈,浙江从政策体系、平台建设、制度创新、营商环境等方面优化数字经济产业生态环境,助力数字经济持续健康发展。

一、打造数字经济产业最佳营商环境

构建有规划方案、有政策配套、有督查激励的闭环政策体系。2014 年浙江省把以互联网为核心的信息经济作为支撑浙江未来发展的八大万亿产业之首和重中之重,制定实施《浙江省人民政府关于加快发展信息经济的指导意见》《浙江省信息经济发展规划(2014—2020 年)》等一系列政策文件。2017 年进一步提出实施数字经济"一号工程",明确建设"全国数字产业化发展引领区""全国产业数字化转型示范区""数字经济体制机制创新先导区",加快建设数字大湾区、城市大脑、移动支付等十大标志性引领性项目。探索建立数字经济统计及监测体系,组织对全省各市县开展年度综合评价,对发展数字经济成效显著的地方政府开展专项激励。

扎实开展产业投资基金、政府数据开放共享、数字经济立法等体制机制和制度创新的先行先试。组建规模 100 亿元的省数字经济产业投资基金,争取国家集成电路产业投资基金、制造业转型升级基金等支持。2019—2022 年浙江省拟安排 500 亿元以上的财政专项支持数字经济发展。推动浙江科技大脑、"亩均论英雄"大数据平台、中小企业公共服务平台等一批数字化服务平台建设,促进政府数据开放共享,简化现有涉及数字经济的行政审批事项。在全国率先启动"数字经济促进条例"的立法,2020 年 12 月 25 日,浙江省第十三届人大常委会第二十六次会议审议通过《浙江省数字经济促进条例》,这是全国首部以促进数字经济发展为主题的地方性法规。

营造集高效廉洁的政务环境、公平竞争的市场环境、公正透明的法治环境于一体的一流营商环境。作为外向型经济和民营经济强省,浙江全面对标世界银行营商环境评价指标,以"最多跑一次"改革为引领,多路径、全方位、深层次助力营商环境优化[①],着力打造审批事项最少、办事效率最高、投资环境最优、企业获得感最强省份。一是以"最多跑一次"改革为切入口,构建高效廉洁的政务环境。以"最多跑一次"改革撬动各方面各领域改革,相继在商事登记制度、地方金融体制以及要素市场化配置等方面推出了许多重大改革举措,建立市场准入负面清单,破除制约经济社会发展的

---

① 余建华,周凌云.看! 优化营商环境的路径"浙"样多[EB/OL].(2021-01-19)[2021-04-10].https://www.chinacourt.org/article/detail/2021/01/id/5760300.shtml.

制度障碍,加快建设服务型政府,最大限度释放改革红利。二是传承"亲商、安商、富商"传统,构建公平竞争的市场环境。浙江省委省政府历来重视、鼓励民营企业发展,出台了一系列鼓励、支持、引导民营经济发展的政策措施,先后提出浙商回归、"四换三名"、特色小镇建设、万亿产业发展等战略,连续召开两年一届的世界浙商大会,促进高端资源、先进生产力在浙江集聚。创新对数字经济的监管方式,建立以信用为核心的市场监管机制,积极运用大数据、云计算等技术手段提升政府监管能力,建立完善符合数字经济发展特点的竞争监管政策,探索建立多方协同治理、重在事中事后监管机制,营造数字经济公平竞争的市场环境。三是保护产权破解要素制约,构建公正透明的法治环境。浙江致力于打造公平公正、透明高效、互利共赢的法治化营商环境,将营商环境作为法治浙江建设的重要内容,确保市场主体依靠规则公正和法律保护健康发展。围绕"法无授权不可为""法定责任必须为"的要求,实现事权更加规范化、法律化。建立"双随机、一公开"制度,在保障执法公平公正的同时,提升了监管效能。建立健全产权保护长效机制,完善产权保护的法律法规,解决企业发展的后顾之忧,打造公正透明的法治环境①。

二、双创精神与互联网基因高效叠加

数字经济是创新创业经济,数字科技创新为浙江人"敢为人先、特别能吃苦、特别能创业"的创新创业精神植入了"互联网基因",驱动着浙江全力打造更有效率的政务生态系统、更有活力的产业生态系统、更有激情的创业生态系统、更有魅力的自然生态系

---

① 杨大鹏.建设国际一流的营商环境[EB/OL].(2019-07-04)[2021-04-10].https://zjnews.zjol.com.cn/zjnews/201907/t20190704_10516233.shtml.

统,进一步优化数字经济创业创新生态系统,推进重大科研设施建设、推进产业创新平台建设、推进应用场景创新、推进整体智治建设,从而吸引越来越多的创新创业人才、互联网创业资本加速向浙江集聚,活跃在数字经济新空间。

构筑富有活力的数字经济创业创新生态系统。修订《浙江省促进科技成果转化条例》,出台《关于全面加快科技创新推动高质量发展的若干意见》《中共浙江省委关于建设高素质强大人才队伍 打造高水平创新型省份的决定》《关于深化项目评审人才评价机构评估改革 提升科研绩效的实施意见》《关于实行以增加知识价值为导向分配政策的实施意见》《浙江省人民政府关于全面加强基础科学研究的实施意见》等法规政策。实施数字经济"一号工程"人才计划,建立全球人工智能高端人才数据库,设立 10 亿元人工智能人才产业发展母基金。实施百家数字骨干企业扶持行动,开展领军企业"雄鹰计划"、企业上市"凤凰行动"、高成长性企业"雏鹰计划"。完善"创业苗圃—孵化器—加速器"的创业孵化链条,各类科技企业孵化器和众创空间达 967 家,其中国家级 188 家。创新引领基金等科技投资基金加速扩张,全省各类创投机构达 1800 多家,管理资本超 6800 亿元。高校系、阿里系、海归系、浙商系等"新四军"蓬勃发展,连续承办 6 届中国创新创业大赛,获奖数居全国首位。"创新券"制度自 2015 年实施以来累计发放 29.3 亿元,金额居全国第一,服务企业 3 万家 13.1 万次,全省大型科学仪器设备整体使用率和共享率均提高了 5%。

◆ 本章小结

从被列为全国首个省级"两化"深度融合国家示范区、开展全国首个国家信息经济示范区建设,到实施数字经济"一号工程"、开

展国家数字经济创新发展试验区建设,浙江形成了数字经济创新
发展的特色与经验。主要包括:以数字科技创新为引领,驱动数字
经济新业态新模式不断涌现,构建基于互联网的"平台十生态"模
式引领消费升级,推动数字产业化;坚持促进互联网、大数据、人工
智能与实体经济深度融合,以创新创业精神与互联网基因叠加推
进产业数字化,成为浙江数字经济带动供给侧结构性改革的主要
阵地;以"最多跑一次"改革为引领,制度创新与优化政府服务打造
最佳营商环境,激发市场主体创新创业活力,为浙江数字经济创新
发展提供了根本保障。

◆◆ 思考题

1. 浙江数字经济发展的特征主要体现在哪些方面?有什么借
鉴意义?

2. 浙江数字经济该从哪些方面发力,为构建双循环发展格局
赋能?

3. 当前国内外环境下,为了实现一些"卡脖子"核心技术的国
产替代,浙江该如何发挥数字经济优势?

◆◆ 拓展阅读

1. 刘淑春.中国数字经济高质量发展的靶向路径与政策供给
[J].经济学家,2019(06):52-61.

2. 马化腾等.数字经济:中国创新增长新动能[M].北京:中信
出版社,2017.

3. 赵涛,张智,梁上坤.数字经济、创业活跃度与高质量发展——
来自中国城市的经验证据[J].管理世界,2020(10):65-76.

信息是国家治理的重要依据。随着互联网运用普及和大数据等技术快速发展，国家治理正逐步从线下向线下线上相结合转变，从掌握少量"样本数据"向掌握海量"全体数据"转变，这为推动治理模式变革、提升国家治理现代化水平提供了有利条件。

——摘自习近平总书记《在全国网络安全和信息化工作会议上的讲话(2018 年 4 月 20 日)》①

第四章　浙江数字政府建设的演进与成效

◆◆ 本章要点

1.2003 年 1 月，习近平同志提出建设数字浙江的决策部署，其中包含电子政务建设任务，浙江数字政府建设的基础阶段由此展开帷幕。党的十八届三中全会后，浙江开启"四张清单一张网"改革。2017 年，浙江启动了直击群众、企业办事难点痛点的"最多跑一次"改革，着力破除政府部门之间的"条块分割"和数据孤岛等问题，实现政务服务"一张网＋一窗受理＋一证通办"。2018 年以来，浙江进入政府数字化转型阶段，经历了部门核心业务数字化转型、建设跨部门协同标志性项目、以场景化的多业务协同应用为抓手建设整体智治的现代政府三个过程。

2.数字政府建设是系统性、协同式变革，通过推动大数据与政

---

① 习近平.在全国网络安全和信息化工作会议上的讲话(2018 年 4 月 20 日)[M]// 中共中央党史和文献研究院.习近平关于网络强国论述摘编.北京:中央文献出版社，2021:137.

府治理深度融合,对政务流程、组织构架、功能模块等进行数字化重塑,系统推进经济调节、市场监管、公共服务、社会治理、环境保护、政府运行"六位一体"数字化转型,构建纵向贯通、横向协同的数字政府。

3.浙江数字政府构建了一个完善的体系架构,围绕政府五大职能开展实践。在经济调节层面,增强经济形势分析研判和行政决策的时效性、系统性及精准性;在市场监管层面,构建基于"大数据+云计算"双轮驱动的对市场主体进行全生命周期监管的新型模式;在公共服务层面,构建"一窗受理+一网通办+一证办理"的数字政务新模式;在社会治理层面,实现联动式协同、可视化指挥、智慧化分析以及闭环式管理;在环境治理层面,围绕水、大气、土壤、森林、绿地等基本生态元素建立"天—空—地"组网实时在线监测体系。

我国数字政府1.0时代起源于20世纪90年代政府开展的上网工程,开启了将线下政务服务内容进行线上迁移的"初始化"进程,在此期间各级政府和部门开始建立正式的政府服务站点,向群众提供信息服务[①]。数字政府2.0是以数据为核心重构政府决策、治理、服务与监管的政府运行新形态,是依托线上政务服务数据化价值与动力驱动线下政府决策、治理、服务与监管行为的高阶演进。浙江在数字政府建设过程中,主要经历了基础建设、体系建设和重点突破等三个演进阶段,通过"四张清单一张网""最多跑一次"改革和政府数字化转型等战略步骤,收获了丰硕的成果。

---

① 罗东玲,刘瑛.加快推进江苏数字政府建设的对策研究[J].江苏科技信息,2019(26):25-27.

第一节　浙江数字政府建设的演进

自 2003 年开启"数字浙江"建设以来,浙江积极以市场需求为导向,以改革和创新为动力,以信息技术普及应用和做强信息产业为重点深入推进信息化与工业化融合,同时稳步提升政务信息化水平。党的十八大以来,浙江实施"四张清单一张网""最多跑一次"改革和政府数字化转型,特别是"推进政务服务'一网通办'改革,打造'掌上办事'之省"等创新实践,已经成为全国一体化平台建设的典型标杆。

一、基础建设阶段(2003—2012 年)

(一)电子政府概念

全球数字政府探索起源于 20 世纪 80 年代,美国国家绩效评估委员会首次提出"电子政府"(e-government)的概念,强调在政府治理中引入先进的信息网络技术,探索建设"信息高速公路"。进入 21 世纪,我国学习借鉴发达国家的数字政府治理理念和实践经验,探索具有中国特色的电子政府建设模式。

2003 年 1 月,习近平同志担任浙江省委书记不久,即在浙江省人大十届一次会议上,明确提出建设数字浙江的决策部署,并作为"八八战略"的重要内容。为深入推进国民经济和社会信息化建设,浙江省制定并实施了《数字浙江建设规划纲要(2003—2007年)》,出台了《关于我省电子政务建设的指导意见》。各级政府积极谋划建设政府综合门户网站,重点推进"网上办事、网上办公"两大领域改革。

(二)优化电子政务门户网站

电子政务是我国信息化发展最受关注的领域,浙江把电子政务放在数字浙江建设首位,提出要建立统一电子政务平台,推进政务信息资源开发利用与共享,建设跨部门协同业务应用信息系统,提升政府公共服务和执政水平。

2003 年,以事项目录、政务公开为主要内容的浙江省政府综合门户网站率先开通运营。"中国浙江"政府门户网站进一步加大了政务公开、信息交互、网上办事、资源整合力度[①]。两年后,浙江省级政府电子政务建设正式启动,浙江省电信有限公司承建的全省电子政务网络项目实现了视频、语音、数据"三网合一",全面覆盖各级政府和相关部门,为全省行政办公提供了更高效、更迅捷的服务。

到 2007 年底,浙江省基本建成省市县三级政府综合门户网站群的电子政务框架,实现电子政务传输网、电子政务内网、电子政务外网的"三个统一"。

(三)建设电子政务实时监督系统

随着互联网、自媒体的发展普及,政府监督管理的主体数量逐年上升,监管压力持续增大,监督机关以往依靠"人盯人""人盯事"的工作方式方法已经颇不适应[②]。对此,中央纪委全会强调要运用先进信息技术等现代化手段提高纪检监察工作的科技含量,并对信息化建设和网络建设提出了新要求。

浙江积极响应中央号召,于 2004 年启动杭州市政务实时监督系统试点建设。次年,杭州市公共资源交易中心、杭州市行政服务

---

① "中国浙江"政府门户网站正式开通[J].信息化建设,2004(12):56.

② 朱雅芬,邢黎闻.构筑预防腐败的电子"防火墙"——记杭州市政务实时监督系统[J].信息化建设,2007(7):6-11.

中心正式集中对外服务,半年后,行政许可、建设工程交易监督子系统先后投入运行。2006 年,全省启动电子政务实时监督系统建设,借助新一代信息化技术,对各级政府部门的电子政务活动进行规范化管理。

(四)从政务公开到网上办事

网上办事切实方便群众办事,提升政府工作效能。在企业和群众办事主要依托线下行政办事大厅的年代,跑不同部门、填报多个表单、浪费大量人力和时间成本等多种问题频发。随着浙江省深化行政管理体制改革进程的不断推进,各个县级单位充分利用政府门户网站,深化机构改革,优化共享资源,减少办事流程,加强服务型政府建设,转变政府工作作风,优化经济发展环境,切实解决群众办事难的问题。

在基础建设阶段,浙江搭建了全省信息化基础设施框架,借助电子政务网站的开通,实现了跨部门的信息互联互通。浙江省政府数字化转型的基础建设阶段是以省政府门户网站启动运营为基础,初步实现由传统的"人治"方式向数字治理转型。

二、体系建设阶段(2013—2016 年)

随着政府数字化转型不断深入,传统治理模式的重管理轻服务、相关立法滞后、信息安全易受侵犯、协同程度不高等问题逐渐进入政府治理的清单。

(一)"四张清单"梳理改革要点

2013 年 11 月,在党的十八届三中全会后,浙江积极筹划推动省级部门开展"三张清单一张网"的建设,并于次年在"三张清单"的基础上加入"责任清单",形成第四张清单。

四张清单具体指政府权力清单、政府部门企业投资负面清单、财政专项资金管理清单和政府责任清单。政府权力清单是政府为行政权力打造的一个制度笼子,展示了"法无授权不可为"的理念。企业投资负面清单是指列出禁止和限制企业进入的投资领域清单,即所谓"法无禁止即可为"。政府部门专项资金管理清单是财政公开透明运行的基础性工作。政府责任清单制度是在权力清单确立部门权力界限的前提下,通过对政府部门的责任进行约束,确保政府部门合力使用行政权力,严格履行行政义务。

(二)"一张网"提升政务服务水平

2014年6月,浙江政务服务网正式上线运行,开启了中国省级政府部门全面网上融合的先河,浙江政务服务网也因此被标志为"中国政务第一网"。浙江政务服务网遵循"互联网＋政务"的理念,明确了政务网站的定位是拉近政府与社会公众的互动关系。

浙江政务服务网以"服务零距离,办事一站通"为主旨,重点聚焦于政务服务一站式办理和行政权力全流程在线监督,建成了四大功能平台。一是政务服务互联网网站,汇集全省4000多个政府部门资源,按个人办事、企业办事两条主线,为企业和公众提供了"统一互动、统一办理"的网上政务服务。二是行政审批事项资源库,实现了对省、市、县三级政府部门行政审批服务管理事项的规范化、动态化管理。三是行政审批运行系统,实现了网上统一申报,统一查询,逐步推进审批办理从线下到线上,从有纸到无纸,让数据"跑腿"替代人跑腿。四是政务云基础设施公共平台,支撑全省统一的多个集约化电子政务系统平稳运行,推进政务信息大数据库共享,全面提升全省政府信息化建设水平。

体系建设阶段是以"四张清单一张网"改革为重要标志的政府数字化转型过程,浙江提出了深化服务型政府和法治政府建设的重大新举措,是政府服务市场、发挥改单作用的方向指引,也是简政放权的直接体现。

三、重点突破阶段(2017—2020 年)

由于政府的众多职能分散在各个部门,许多服务往往同时涉及多个部门,造成企业、群众"多跑腿""跑多次"的局面,企业和群众办事"最后一公里"问题始终无法得到有效解决。2017 年 2 月,浙江省政府遵从"群众和企业到政府办事最多跑一次"的理念和目标,启动了直击群众痛点的"最多跑一次"改革,浙江省政府数字化转型加快突破。

(一)政务数据融通共享

长期以来,政府部门的职责分布较分散、政府权力运行体系的"条块分割"现象凸显,政府内部自上而下垂直部门之间的信息共享和数据传输较为顺畅,但政府部门之间信息资源的建设与共享进展缓慢,跨部门、跨条线的协作缺乏数据共享的支撑①。为规范与促进浙江省公共数据和电子政务发展,推动公共数据和电子政务统筹建设与资源整合,提升政府信息化治理能力和公共服务水平,2017 年 2 月,浙江省制定出台了《公共数据和电子政务管理办法》,并于同年 5 月 1 日起施行。

(二)政府流程优化再造

政府流程再造是对政府职能及其根本目的的重新思考,包含对公共服务流程、政府内部流程在内的政府流程进行重新设计和整合。2017 年 3 月 14 日,浙江省"最多跑一次"改革专题组印发了

---

① 王丽琼.电子政务中跨部门信息共享的模式及保障机制研究[J].科技情报开发与经济,2009,19(1):82-84.

《关于全面推进行政服务中心"一窗受理、集成服务"改革工作的通知》,提出在市、县两级行政服务中心推行"一窗受理、集成服务"的改革。"一窗受理、集成服务"改革从整体上规范了办事标准和流程,而对于涉及多部门多环节的重点领域"一件事"办理,浙江省有针对性地进行了"一件事"流程的优化再造,主要体现在不动产登记、市场准入以及企业投资项目等领域的重点突破。

(三)"互联网+政务服务"深化推广

根据国务院部署,我国各级政府加快推进"互联网+政务服务"。国务院在 2016 年 9 月底印发了《关于加快推进"互联网+政务服务"工作的指导意见》,浙江顺应指导,于 2017 年 3 月正式印发了《浙江省深化"互联网+政务服务"工作方案的通知》(以下简称《工作方案》)。《工作方案》提出,要不断深化建设集约、服务集成、数据集聚、多级联动的浙江政务服务网建设,全面推动行政权力网上透明高效规范运行,要求到 2020 年,依托浙江政务服务网实现互联网与政务服务深度融合,各级各部门政务服务事项基本实现线上办理,政府网上协同治理和事中事后监管体系基本形成,政务服务智慧化水平和公众满意度、便捷度大幅提升。到 2017 年底,省级 100 个高频事项的 169 个数据共享需求基本实现了"全打通、全归集、全共享、全对接",这一阶段最主要的标志性成果是政务服务"一张网""一窗受理""一证通办"。

(四)政府数字化转型先行探索

当全国都在学习浙江"最多跑一次"改革经验之时,浙江基于数字化背景下政府的"放管服"实践,加大力度开始政府数字化转型的探索。

2018 年 5 月底,浙江召开了深化"最多跑一次"改革推进政府数字化转型第一次专题会议,时任浙江省省长的袁家军指出,浙江要以推动政府数字化转型为途径,在"最多跑一次"改革的基础上,全面推进数字政府的建设,实现在数字化背景下政府的简政放权、放管结合、服务优化。

政府数字化转型阶段总体上经历了部门核心业务数字化转型、建设跨部门协同标志性项目、以场景化的多业务协同应用为抓手建设整体智治的现代政府三个过程。2018年,主要聚焦部门核心业务梳理,在此基础上,打通数据孤岛实现信息共享,推动部门核心业务的数字化转型。2019年,主要聚焦政府履职的核心业务梳理和流程再造,以跨部门协同标志性项目为抓手,推动全方位政府数字化转型,取得了"浙里办""浙政钉""8+13"重大标志性应用落地等丰硕成果。2020年,主要聚焦系统融合、综合集成,以场景化的多业务协同应用为抓手,实现了从点到面、从部门分割到整体协同的螺旋式上升,着力打造整体智治的现代政府,标志性成果是11个跨部门场景化多业务协同应用上线运行。

第二节　提升高效能经济治理决策能力

经济治理的理想化状态,应当是既能充分发掘经济潜能、释放经济活力,又能有效弥补市场失灵、维护市场运行秩序,实现经济效益和民生福祉最大化。浙江经济迈入高质量发展阶段,带来了一系列新命题新挑战,要求治理体系和治理模式必须相应作出变革,以高效能经济治理推动高质量发展。运用互联网技术和信息化手段建立大数据辅助分析、管理、决策和服务系统,有助于重构、变革与升级宏观经济治理体系,有助于提升经济治理能力。

一、科学研判经济运行态势

政府对经济运行监测是政府治理能力现代化的战略重点,需要解决以下难题。一是经济系统运行日趋复杂与传统监测方式样本不足矛盾。传统的"随机抽样、小样本、不完备"统计方式和抽样统计数据,导致经济调节行为难以实现经济指标的大样本精准分析和决策掌控,特别是非结构性海量数据处理能力滞后致使难以支撑经济走势的科学研判[①]。二是决策层对经济运行监测分析的时效性要求不断提升与传统分析方法时效性不强矛盾。传统经济运行监测往往基于统计部门大量的人力和手工操作,数据供给与政府治理之间存在时效的不匹配性。三是经济运行的整体性、系统性日益增强与传统监测机制碎片化矛盾。传统的经济运行监测体系条块分割、系统林立,又缺乏专业化手段、技术工具以及大数据处理能力[②],经济运行监测分析的协同性较弱。

为了解决上述经济运行监测分析中存在的问题,浙江省从2017 年开始提出以数字政府建设带动数字经济发展,从经济运行监测和辅助决策两方面,聚力推进经济调节数字化转型,增强经济形势分析研判和行政决策的时效性、系统性及精准性,实现横向全协同、上下全打通、数据全共享的全国一流的经济运行监测分析。基于海量数据绘制图谱,运用算法模型进行智能分析,洞悉未来经济走势,实现经济调节用数据说话、用数据决策、用数据管理。

构建经济运行大数据监测体系。一是将分散在发改、财政、海

---

① 刘淑春."三元融合"全链路数字化——基于浙江省经济运行监测数字化平台的解构[J].中国行政管理,2019(11):60-68.

② WILLIAMSON A. Big Data and the Implications for Government[J]. Legal Information Management,2014(4):253-257.

关、工商等各部门的经济运行数据进行统一归集、统一治理，建立标准化、规范化的经济运行基础数据库。二是围绕经济增长、科技创新、产业升级等重点领域进行统计监测预警，利用大数据建模技术对经济数据资源进行分析挖掘，实时有效评价经济发展质量，精准反映经济运行态势。

开发经济运行辅助决策产品。聚焦工业经济、空间规划、海洋经济、自然资源、"三农"发展、对外经济等经济运行专业领域，依托经济运行基础数据库，开发各领域数字化应用，数字赋能资金、人才、技术、决策全流程管理，推进形成决策、执行、督查、反馈流程，完成经济运行的闭环管理。

浙江通过全面加快政务 2.0、浙政钉 2.0、信用"531X"工程、"互联网＋监管"全链条业务闭环等建设，实现了为全省经济精准"把脉"，为政府提供科学决策。在当前复杂的市场环境下，浙江省经济运行监测分析现建立了 4000 余项数据指标、数据模型[1]，在浙政钉中已嵌入"8＋13"数字化平台，实现掌上监测经济运行和可视化分析。这一成效得益于两点：一是企业数字化转型全面推广。企业"上云用数赋智"成效明显，形成良好的企业联动、跨界合作的数字化转型伙伴生态，培育形成 5 家千亿级平台型企业，实现规上工业企业数字化转型全覆盖[2]。二是新业态新模式加速涌现。智能制造、数字生活新场景等新业态新模式加速推广。平台经济、微经济、"无人经济"等成为中小微企业和个体工商户创业和就业的

---

① 李攀.浙江全方位深化政府数字化转型[EB/OL].（2020-11-20）[2021-03-05].http://www.zj.xinhuanet.com/2020/11/20/c_1126762739.htm.

② 浙江省人民政府办公厅.浙江省人民政府办公厅关于印发浙江省数字赋能促进新业态新模式发展行动计划（2020—2022 年）的通知[EB/OL].（2020-11-19）[2021-03-05].http://www.zj.gov.cn/art/2020/11/19/art_1229019365_2160267.html.

新空间,带动形成大量新就业机会。

　　未来,浙江将继续坚持数字赋能经济高质量发展,综合运用大数据、云计算、人工智能等新技术手段推进现代化数字经济体系建设:一是加快建设国家数字经济创新发展实验区,构建国内大循环、国内国际双循环新发展格局;二是深化经济运行监测分析平台应用,加强多源数据汇聚,提升实体经济和消费市场等重要经济指标动态监测和研判能力;三是探索经济政策仿真推演,充分运用财政、税收、金融等经济调控数字化手段,提升逆周期调节能力;四是系统推进全省设区市"一城一脑"建设,辅助经济决策,推动数字城市与现实城市同步规划、同步建设,超前布局智能基础设施,形成具有浙江特色的"物理实体＋数字孪生"的城市资源优化配置方案。

二、最大化国土空间利用效率

　　国土空间主要包括城市空间、农业空间、生态空间和其他交通、水利、能源、通信等基础设施空间。国土是生存之本、发展之要,协调人地关系是国土空间治理的核心,最终实现人与自然的和谐相处。

　　随着经济社会的不断发展,空间系统日益复杂,传统的空间治理模式受政策制度、技术方法和数据获取等的影响,已难以适应新形势的要求。一是传统空间治理以静态为主,导致治理的实效性和动态性不强。如在空间规划评估方面,因规划修编程序需要而进行的评估,其主要目的在于通过规划修编审查,而缺乏对规划内容和实施情况深度的分析,规划评估的灵活性、动态调控作用较弱,对规划修编和规划调整的指导性不强。二是受制于传统数据获取方法,空间治理全面性和系统性不强。空间治理的数据主要采用城市统计年鉴、城建统计年报及其他专项统计数据获取,评估的重点以强制性内容、阶段性实施成效为主,缺乏通过主体活动、要素流动、交通运行等实时动态数据的主动获取,从而影响了规划评估的全面性和系统性。三是传统空间治理强调物质空间为主,缺乏对多元主体需求的回应。传统空间治理往往以用地布局为核心,并以城市建设用地增长控制、城市发展方向引导、城市空间结构调控等物质空间优化为重点内容,缺乏从城市规划实施的角度对政府、企业、居民等多元主体需求满足程度的分析,因而以物质空间为核心的空间治理其公共政策性体现不足。

新技术的发展有助于解决以上问题。近十年来,新技术的广泛应用,已经对空间规划的编制、城市运行与动态监测产生了深远的影响[1]。欧美发达国家通过利用人工智能、机器学习等城市计算技术方法,对城市空间结构、城市增长、土地利用变化、交通网络、景观生态进行了动态的仿真模拟和评估,为空间治理辅助决策提供了有力支撑[2]。浙江高度重视省域空间治理现代化工作,深化"多规合一"改革、推动省域国土空间治理现代化,是浙江落实国家部署的重要行动、打造国际竞争力的重要抓手、加快高质量发展的重要保障以及推进省域治理现代化的重要方面。

省域空间治理数字化建设是政府主动适应数字化转型时代的重要举措,对于提升省域空间治理能力、推进省域治理现代化建设和推动经济社会高质量发展具有重要意义。建设目标是统筹整合空间数据,构建空间信息集聚、业务协同高效、决策支持有力、开放共享顺畅的自然资源空间。空间治理数字化建设思路是按照全域

---

① 甄峰,张姗琪,秦萧,等.从信息化赋能到综合赋能:智慧国土空间规划思路探索[J].自然资源学报,2019,34(10):2060-2072.

② ALLAM Z,DHUNNY Z A. On Big Data, Artificial Intelligence and Smart Cities [J]. Cities,2019(89):80-91.

精准分析、整体优化、高效利用、依法保护、科学治理的要求,构建"一库一图一箱"的总体框架,将全省各级各类规划全部纳入统一管理。前期建设基本系统,再不断迭代升级新功能、新应用,将全省各级各类规划进行统一协调,统筹重大生产力布局,优化配置空间资源要素,提升项目审批落地效能,推动规划体系统一协调的"多规合一"改革取得实质性突破。

加强国土空间规划实施管理,保障国土空间规划各项工作有序进行。在原土地利用总体规划、城市总体规划、县(市)域总体规划等空间性规划的基础上,结合国土空间规划阶段性成果,以市、区、县(市)域为单元,统筹划定"三条控制线",编制城镇开发边界划定方案。在国家预支浙江建设用地规模中,省级预留一定规模,优先保障"十四五"省级以上交通、水利等重大基础设施、军事、抢险救灾等建设项目,其余部分分解下达至各地,重点保障地方近期重大基础设施、公共服务设施等建设项目需要。通过加强边界管控、做好详细规划管理、实行规划全周期管理和加强干部队伍建设,严格国土空间规划实施监管。

省域空间治理数字化建设构建了高效的空间治理体系,落实了党中央和国务院关于治理体系和治理能力现代化部署的需要,推动了全面深化改革和经济社会高质量发展。针对空间治理的突出问题,为改革工作推进提供了管用的工作抓手。作为场景化多业务协同应用中最大的场景应用,符合深入推进浙江省政府数字化转型工作的需要,为承接国家土地等要素审批权限下放,更好推动"放管服"改革,实现各类审批权限"接得住、管得好"奠定了良好基础。浙江正通过省域空间治理数字化平台,以杭州城西科创大走廊为样本进行探索和实践,大力提升政府决策的科学性。

◆◆◆【案例 4-1】

投资在线平台 3.0 全国示范

为进一步提升企业获得感和满意度,浙江政务服务网投资项目在线审批监管平台充分吸纳工程审批制度改革经验,围绕浙江省政府数字化转型总体框架,构建投资在线平台 3.0"四横三纵"的总体框架,主要包括业务应用体系、应用支撑体系、数据资源体系、基础设施体系、组织保障体系、网络安全体系和标准规范体系。依托政务"一朵云",完成投资在线平台 3.0 与工程审批系统 2.0 合二为一,将浙江省多个地市分建的工程系统审批功能集成至 3.0 平台,一体化构建全流程审批、全过程监管、多部门协同、多层级联动平台,为全省投资相关部门联合办理业务提供一体化支撑。截至目前,投资在线平台 3.0 平台统一了浙江省 17 个条线、1601 个审批部门、10,814 名审批人员、174,630 家企业用户,共同应用 3.0 平台实现投资项目的申报和审批①。

浙江省投资在线平台 3.0 将继续完善迭代平台功能,加快形成投资项目全领域覆盖、全流程审批、全过程监管的系统格局,推动浙江省企业投资项目"最多跑一次"改革工作继续领跑全国。

案例简析 >>>

浙江省投资在线平台 3.0 坚持统分结合的建设原则,积极尊重吸纳各地区各部门的创新探索,努力打破平台审批分散、数据分割等瓶颈,最大程度"减事项、减材料、减环节、减时间、减费用",解

---

① 余蕊. 投资审批更便捷 在线平台建设迈上新台阶[EB/OL]. (2019-11-25)[2021-03-05]. www.tzxm.gov.cn/xwzx/201911/t20191225_12638.html.

决企业投资项目审批的难点问题,实现了浙江省投资项目的"统一收件、统一审批、统一出件"。

第三节　加快推进市场监管数字化变革

为贯彻落实国务院关于建设"互联网＋监管"系统的部署,打破传统监管机制模式,浙江省利用互联网技术赋能市场监管,构建"大数据＋云计算"双轮驱动的市场主体全生命周期监管新模式,落实事前管标准、事中管达标、事后管信用的规范体系,形成"风险发现、处置跟踪、结果反馈"的闭环监察机制。

一、打造一网通管工作体系

监管数字化转型致力于构建与经济高质量发展相适应的新型监管机制,健全数据共享机制和业务协同机制,推进数据共享全面化规范化和信用协同常态化动态化,建设有效的监管格局,打造公平公正的一网通管"浙江模式"。

构建部门联合监管体系。一是依托物联网、视联网等远程、移动、非接触式监管方式赋能市场监管领域,打造全覆盖、多部门联合监管模式,有效支撑"双随机、一公开",减少市场主体正常经营活动干扰。二是构建标准化、通用化的行政执法监管平台与移动巡检监管平台,固化执法监管要求,建设完善全生命周期的监管链。三是加强数字化对直接涉及公共安全和人民群众生命健康等特殊重点领域的监管赋能,拓展智能监管场景,探索建立食品、药品、疫苗、特种设备等重点产品的智能监管体系。

建立健全一体化公共信用信息平台。一是深化公共信用信息平台建设,构建覆盖所有市场主体的信用监管体系,推进行业信用信息系统互联互通。二是建立跨部门联动响应和失信约束机制，打通行业间信用信息系统，强化政企数据流通，全方位归集市场主体基本信息、执法监管和检查强制信息、失信联合惩戒信息等数据资源。三是构建覆盖企业、自然人、社会组织、事业单位、政府机构等5类主体的公共信用评价体系，根据信用评级及风险采取差异化监管措施。

强化重点领域的市场数字化监测力度。一是利用监测的数据资源进行关联分析，及时精准地预测预警潜在风险，提升市场监管分析预判和处置能力。二是推动各领域主管部门协同监管，实现监管数据可比对、过程可追溯、问题可监测，及时动态掌握市场主体经营情况及其规律特征。三是强化市场监管与综合执法工作的有效衔接，加强日常监管结果在综合执法工作中的运用，促进行政执法与刑事司法领域衔接。

二、构建新型信用监管机制

监管变革必须顺应数字化发展趋势，传统信用监管机制还存在着诸多问题有待改善，如信用支撑体系不够完善，各类信用信息平台对接存在障碍，信用信息开放存在逻辑秩序混乱、监管成本过高、信息孤岛等。这需要从制度上完善政府、平台、信用服务机构的数据信息开放机制，利用信用信息补充和完善社会征信数据体系，明确相关信息的采集标准，建立开放共享标准和可操作流程。

2020年浙江省委省政府出台《关于加快推进信用"531X"工程 构建以信用为基础的新型监管机制的实施意见》，明确建立"一套指标"，构建"一个模型"，制定"一项制度"，实现"两个共享"的行业信用建设路径。"一套指标"指的是归集本行业监管对象的基础信息、监督检查、执法监管和投诉举报以及日常监管表单等信息,建立行业信用指标体系。"一个模型"指的是将公共信用评价结果、基础数据和行业管理指标数据相融合,构建一个行业(领域)的评价模型。"一项制度"指的是根据监管对象的信用状况,建立分级分类监管制度。"两个共享"指的是将行业信用评价结果和监管结果共享到省公共信用信息平台和"互联网＋监管"平台,实现信用监管闭环管理。

行业信用监管取得初步成效。一是支撑行业数字化转型,通过建立指标体系、构建模型,明确管理对象的总体排序,管理对象的基础情况、公共信用情况和行业信用情况,为精准监管提供支撑。二是提升行业监管效能,行业主管部门以评价结果作为分级分类主要依据,大大提升了监管效率和执法效能。三是提升行业管理整体水平,提升行业管理科学性,实现因"信"施策。四是拓展行业信用应用范围,行业信用建设服务于行政管理的同时,也拓展社会化和市场化应用。

未来,浙江省将进一步完善信用支撑体系,实现各类信用信息平台有效对接,有序开放信用信息,降低监管成本,完善相应的信息分级制度,并落实数字化平台的监管责任。

三、实现食品协同监管数字化

由于食品安全领域存在监管力度分配不精准、监管指向不精准、信息公开方式不精准、食品检测缺陷等问题,政府监管食品安全面临着诸多难题。一方面,因食品生产经营者数量众多且政府财政预算支出有限,食品安全监管工作专注度不足,监管对象选择盲目,惩戒措施效果有限。另一方面,食品安全监管面临着食品消费者和食品生产经营者之间的矛盾,需要兼顾关乎消费者生命健康的食品安全保护和合法食品生产经营者的营商环境保护。因此为破解食品安全领域的监管难题，浙江以"浙里办"和"浙政钉"作为统一门户，建设食品安全综合治理数字化协同应用，全面整合原有系统、联通"信息孤岛"，通过区块链、云计算、大数据、人工智能识别等新技术提升监管能力和监管效率，实现系统整合和数据共享。截至 2020 年 9 月 30 日，已实现浙江省食药安委主要成员单位、长三角地区、各地市等不同层面的数据对接和共享，共归集 1482 张表单、8.7 亿条数据[①]。

食品安全综合治理数字化应用建设主要聚焦"风险分析""物联感知""溯源倒查"三个方面，着力实现监管精准化、远程化和智慧化。仅"风险分析"一项，系统通过多环节、多部门食品安全风险数据建模，形成了一图、一指数、一清单，可帮助公众、政府、监管部门准确掌握各层面食品安全状况，促进监管部门精准监管。"一图"即区域风险五色图，通过绿、蓝、黄、橙、红五色分别呈现 5 个食品安全风险等级，可以直观体现全省各市、县（市、区）食品安全风险整体情况；"一指数"即全国首创的食品安全风险指数，主要可综合风险来源、风险波及范围等一系列相关数据，直观展示 34 大类食品品种风险信息，帮助了解不同时期食品品种的风险趋势变化；"一清单"即重点风险企业清单，相关监管部门可以直观看到省内各地重点风险企业名单，确定监管重点、提高监管靶向性。

食品安全综合治理数字化应用建设在监管领域实现了场景创新。浙江建设了"浙冷链"、食用农产品风险智控、食盐智控和婴配奶粉区块链追溯等场景，使食品追溯更为精准，并为全国追溯体系

---

① 张律，曹吉根. 浙江省食品安全综合治理数字化协同应用上线［EB/OL］.（2020-09-30）［2021-03-05］. http://zjamr. zj. gov. cn/art/2020/9/30/art_1228969894_58897308. html.

建设提供了浙江方案。如对于食品农产品的追溯,系统创新开发了绿色、黄色、红色的食用农产品"三色码",实现了食用农产品准入准出的有效衔接。

未来,浙江省市场监管局将持续迭代升级协同应用,根据监管实际需要和企业、群众实际需求进一步扩充应用场景,提升监管效能,方便企业办事,服务社会大众,将该协同应用打造成为全国食品安全治理的"标杆工程"。

四、打造全方位金融监测防控

金融安全是国家安全的重要组成部分,维护金融安全是关系到我国经济社会发展全局的一件战略性、根本性的大事。金融与科技的深度融合在创新金融产品、再造业务流程、提升服务质效的同时,也改变了金融运行机理,加大了风险防控难度,金融系统日趋复杂对金融监管提出了新要求、新挑战。金融科技背景下,金融混业经营更加普遍,多种业务交叉融合,导致风险交织复杂、难以识别、外溢加剧,给金融管理部门穿透式监管、防范化解金融风险带来了严峻挑战。此外,很多新的金融产品游离于传统监管之外,个人的安全、企业的安全、社会的安全乃至国家的安全都可能受到影响。

为加强对金融的监测和管控,浙江在全国率先建设了金融风险数字化监测防控系统。该系统通过整合线上线下金融风险管理资源,搭建集互联网大数据、基层网格化管理数据及相关职能部门监管数据等为一体的金融风险管理平台,对非法金融活动、金融行业乱象实施监测预警和防范化解,实现风险"早发现、早预警、早研判、早防范、早处置"的目标。

浙江金融风险数字化监测防控系统初步建立了四个模块,已实现全省贯通应用。系统层层细化量化，最小颗粒度为一百多项指标，在后续的使用中不断迭代完善。一是非法集资风险预警模块。结合初始权重值，对浙江省大数据局公共数据平台归集的数据，采用海量数据分布式计算技术，进行非法集资监测预警模型训练，主要包括账户异动监测、收益率监测、虚假宣传监测、负面舆情监测、涉众情况监测、监管信息、异常运营监测、企业背景等子模块。二是网络借贷风险预警模块。主要包括产品收益监测、用户流量监测、违规运营监测、虚假宣传监测、舆情监测等子模块。三是小额贷款风险预警模块。通过扫描、分析省内250万家工商注册企业，计算单家机构的风险指数，主要包括经营风险监测、违规融资监测、关联交易监测、财务风险监测、企业背景监测等子模块，从而能够对高风险企业进行预警，通过"天罗地网"系统下发属地开展风险核查工作。四是交易场所风险预警模块。主要包括集中交易信息监测、标准化交易、涉众规模监测、关联平台媒介监测、负面预警监测等子模块。

浙江省通过金融风险管理平台建设，整合监管数据信息系统，优化监管流程，运用大数据、机器学习、人工智能等技术，提高监管判断的前瞻性、有效性，对金融数字化转型过程中的风险真正做到"看得懂、穿得透、控得住、管得好"。

◆◆◆【案例 4-2】

绍兴市信用监管数字化应用

绍兴市围绕浙江省政府的决策部署，以数据归集为基础，以体系建设为重点，以模型开发为突破，以分类监管为实施，积极探索"双随机、一公开"的监管模式，以扎实的措施建设企业信用风险分类管理平台试点。"监管＋风险＋信用"三位一体平台（见图 4-1）

通过构建本地专题数据库、省级行政执法平台推广应用、构建风险监测预警和数据可视化等几个方面，着力解决当前信用监管数据不全、数据共享通道不顺畅以及监管不规范、不统一、不协同等问题。该平台目前已经完成了企业信用风险分类管理指标体系的构建，充分利用涉企信用信息，把握日常监管中发现的带有普遍性、规律性的高风险特征行为；建立了信用风险分类监管机制，以信用风险等级为依据，对监管对象采取差异化监管。

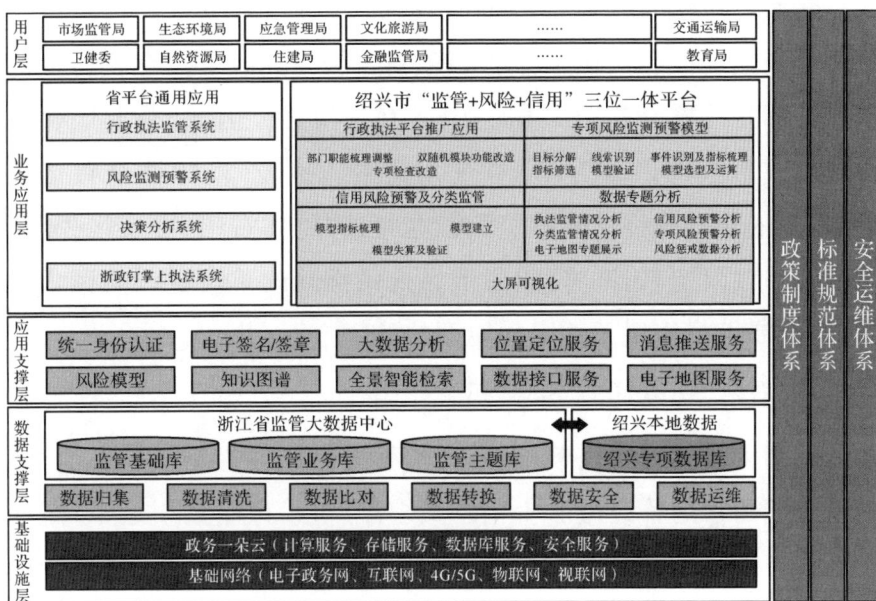

用户层	市场监管局	生态环境局	应急管理局	文化旅游局	……		交通运输局	政策制度体系	标准规范体系	安全运维体系
	卫健委	自然资源局	住建局	金融监管局	……		教育局			

图 4-1　绍兴市"监管＋风险＋信用"三位一体平台总体框架

案例简析 >>>

社会信用和监管体系的建设是加强和创新我国社会数字化管理的重要手段，对增强我国社会成员诚信意识、营造优良信用环境、促进社会和谐与文明进步具有重要意义。绍兴市"监管＋风险＋信用"三位一体平台的试点先期试用和迭代升级，进一步推进了"互联网＋监管"应用的建设完善，构建了信用监管全闭环管理体系,有效地提升了监管效率,为全国提供了可复制、可借鉴、可推广的"绍兴经验"。

第四节　协同创新公共服务数字普惠

在公共服务领域,无论是服务理念的变化,还是组织体系的调整,其必然需要与最新的技术相融合才能达到提升服务质量的效果。数字革命作为发生在我们时代的一场伟大变革,其影响力已然渗透到经济社会文化生活的诸多领域。公共服务数字化转型的根本目标是让群众在公共服务中更有获得感。因此,公共服务各领域的改革坚持以人为本,尊重人民主体地位,发挥群众首创精神,紧紧依靠人民推动改革。浙江在打造"整体智治、唯实惟先"现代政府的过程中,始终将"紧紧依靠人民推动改革"的"以人民为中心"的发展思想运用于数字化转型的各个方面。

一、发挥"一网通办"牵头抓总作用

利用大数据进行公共服务、质量管理已经成为全球性潮流,尤其是发达国家的普遍做法①。在"最多跑一次"改革的引领下,浙江各地均将推动"互联网＋政务服务"作为公共服务数字化转型发展的重要突破口。一些地方行政服务中心还投入巨资开发本级的数据共享交换平台,力图在市县一级实现跨部门的数据互联互通。在政府数字化转型初期,这种做法无疑是应对众多国家级、省级部门自建系统相互之间数据不通、业务系统缺乏协同、数字资源开发利用滞后的短期破题之举。但长期来看,市县两级投入资金建设

---

① 　陈振明,耿旭.中国公共服务质量改进的理论与实践进展[J].厦门大学学报(哲学社会科学版),2016(01):58-68.

标准不一的政务信息共享平台反而有可能造成新的数据壁垒,导致重复投资的巨大浪费。

因而,浙江在启动"最多跑一次"改革后即着手制定《浙江省公共数据和电子政务管理办法》,打破部门信息孤岛,实现数据共享,建设全省统一的政务服务网。其基本改革路径是让各级地方审批服务中心以浙江政务服务网为平台,建立智能化的便民审批服务流程管理与优化平台,逐一整合多部门的公共服务信息系统,使得各职能部门的信息系统中与便民审批服务相关的个人和家庭的政务信息能够在跨部门的协调互动中,实现多部门协同办理。

公共服务数字化转型以"便利化、智慧化、人性化、特色化、规范化"为抓手,从老百姓身边事改起,着力改善公共场所硬件环境,优化简化服务流程,大力推行网上办事,全面提升交通设施、旅游景区、文体场馆、医疗场所的服务质量和服务水平,让群众能够真实感受到改革带来的红利。浙江在规范数据标准、促进数据融合等方面展开了大量基础性的工作,为公共服务网上办、移动办以及公共服务向基层延伸提供了基本的技术条件。在整体智治框架下,坚持"开门搞改革",搭建平台、畅通渠道,引导群众就公共服务品质提升主动发声,不断提高改革的针对性和有效性。

全省政务数字化建设以"四横三纵"为框架,通过应用一体融合"大平台"、共享共用"大数据"、全面触达"大服务",推动更多公共服务事项实现"一网通办、一证通办、全域通办"。按照"八统一"的要求,以省数据资源管理中心为牵头单位,梳理了主项名称、子项名称、适用依据、申请材料、办事流程、业务经办流程、办理时限和表单内容等信息,明确区分本部门、其他部门、办事群众等产生的数据,有效整合跨部门事务的行政流程,推进跨部门信息的共享互认，极大减少群众提交的审批材料数量，提高涉及多部门事项的审批效率。依托省、市、县、乡、村五级联动的浙江政务服务网，审批权力事项集中进驻、网上服务集中提供、政务信息集中公开、数据资源集中共享，真正通过"一网通办"实现"数据跑"代替"群众跑"。

围绕政府内部的数据共享和流程优化，办事群众所需要提供的证明材料得到了极大压缩。"一网通办"系统的不断成熟，也让网络端、移动端、自助机端的便民服务能够更有声有色地发展起来。群众不仅可以在电脑端登陆浙江政务服务网在线办理业务，还可以通过下载安装浙江政务服务网 App"浙里办"，办理查社保、查公积金、补换驾照、交通违法处理和缴罚、缴学费、出入境办证等多项业务。而 24 小时开放的便民审批服务自助机，也让群众能利用自己空余时间，更加自由地进行自主申报和办理审批。

让"数据跑"替代"群众跑"并非简单地将公共服务从线下推到线上，其实质是为群众办事省时、省心、省力。通过建设统一的政务服务网，推广"浙里办"App，引入实名认证、刷脸、第三方支付等技术，入驻到支付宝或微信等平台上的城市服务，成为群众线下办事的重要方式，是实现"一次不用跑"的根本动力。未来，通过政府部门与网络信息技术企业的多层次合作，相关技术和配套机制的进一步完善将助力省域公共服务信息化水平的整体提升，让更多群众享受到公共服务数字化带来的红利。

二、以全生命周期"一件事"深化改革

过去，群众日常所处理的某一类办事服务，需要处理便民审批服务中的多个事项。以医疗费用结算报销为例，过去群众因个人情况差异可能涉及医保报销、工会互助、民政救助、残联救助四个环节，对应四个不同部门，最多可能需要提交 17 份材料，其中 11

份材料需要重复提交。而类似此种情况还有很多，例如与新生儿登记、企事业单位人员退休、退役军人转业安置、高级人才引进等相关审批工作均涉及多个部门，需要逐一完成审批。

如何能让更多的公共服务按照群众心目中的"一件事"来进行协同审批，实现一次性提交申请材料办结，是公共服务数字化转型再升级、再出发面临的全新挑战。时任浙江省省长袁家军在2018年的省政府专题会议上强调，政府数字化转型是政府治理的一场深刻革命，是从量变到质变、从理念到行为、从制度与工具到方法的一个系统性过程，是深化"最多跑一次"改革的重头戏①。2019年5月省委改革办（省跑改办）、省卫生健康委、省公安厅、省医保局和省大数据局联合印发《浙江省推进出生"一件事""最多跑一次"改革实施方案》，要求到2019年12月底前省、市、县三级助产机构全面实现出生"一件事""一次都不跑"。

公共服务数字化转型充分吸纳群众意见，实现"以评促改"。在微观层面，众多市县区政务服务大厅都主动邀请"两代表一委员"（党代表、人大代表、政协委员）、老干部代表、群众代表作为"最多跑一次"改革监督员，对服务事项、办事流程、服务方式、办结时限等承诺进行义务监督，并对部门工作人员的服务态度、办事效率、工作纪律、廉洁自律等作风建设方面进行监督检查，真正将群众的视角和群众的体验带到审批服务的每一个细节改进。在中观层面，各级政府建立了包括政务服务热线电话、移动终端等渠道在内的反馈机制，接受群众反映与公共服务相关的投诉、举报和建议，让群众反映的个案性审批难点问题能够在更高层级通过

---

① 余勤.袁家军在省政府专题会议上强调深化"最多跑一次"改革　推进政府数字化转型[N].浙江日报,2018-04-13(001).

部门间的协作得以解决。在宏观层面,积极推动主管部门与第三方机构的合作,通过电话调查、网络调查和舆情分析等方法客观反映公共服务数字化转型在各市县和各领域中的推进程度和实效。

2019 年,浙江省委改革办(省跑改办)借鉴部分地区的经验做法,在全省范围征集群众和企业"一件事"。省委改革办赴基层调研了解群众办事需求,在征求 41 个省直单位和全省设区市、县(市、区)的意见建议后,按照"第一个办理单位为牵头单位,或者涉及事项最多、环节最多的单位为牵头单位"的原则,围绕群众和企业两个生命周期,共梳理出 34 项公民"一件事"和 19 项企业"一件事"①。其中 34 项公民"一件事"涵盖群众出生、上学、就业、特殊群体服务、失业、结婚生育、置业、就医、退休养老和殡葬等 10 个方面,如"新生儿""入学""个体劳动者就业创业""婚育户登记""公租房申请""车辆上牌""退休""身后一件事"等群众办事高频事项。在 34 项"一件事"以外,各部门按照群众实际办事需求,继续深化梳理"一件事"办事情形,形成"最优颗粒度",酝酿出台全省统一的办事指南。同时,鼓励市县结合本地机构设置、数据共享等情况有针对性地在群众"一件事"上进一步破题,争取材料更少、时间更短、流程更优。

以出生"一件事"为例,卫健部门将预防接种、出生医学证明、新生儿落户、医保参保 4 个基础事项纳入"一件事"办理,4 张申请表按联办流程整合为 1 张"浙江省出生'一件事'办理登记表",各地又结合地区特点探索增加了生育保险待遇支付、新生儿医疗费

---

① 陆乐.推进群众和企业全流程"最多跑一次" 我省公布新一批"一件事"目录[N].浙江日报,2019-05-31(001).

用报销、母子健康手册服务等联办事项,并植入浙江政务服务网、"浙里办"App之中,将原来新生儿手续办理的10余次证件提交精简为1次提交身份证、户口簿和结婚证3个证件^①。

除了"一件事",公共服务数字化转型还在公共场所服务提升中发力。在交通设施、旅游景区、文化场馆、商圈等9类公共场所服务大提升中,推动公共场所服务"触网""上云",引导群众网上预约、网上申报办理、网上获取服务,给群众带来智慧、高效、便捷的服务体验。如为避免就医重复检查,推行电子病历全省互认共享,电子影像可以上传手机"云胶片、云影像",方便医生、患者随时调取、按需调阅。

通过深化公共服务数字化转型,更多涉及群众日常工作生活的公共服务事项在制度供给上先人一步,让群众能在更多场景中享受到"一件事"联办带来的高效与便利。

◆◆【案例4-3】

"浙里办"方便掌上办事

为顺应平台化、生态化的互联网经济发展趋势,浙江省全力打造全省"掌上办事"的统一入口——"浙里办"。自2014年上线以来,浙江以全省一体化在线政务服务平台为依托,持续优化迭代"浙里办",全面推进政务服务和公共服务"网上办""掌上办",深化一体化在线政务服务平台建设,拓展网上政务功能、优化服务体验、推进模式创新。"浙里办"汇聚"社保公积金查询""健康医保卡申领""交通违法处理缴款""不动产权属证明""结婚预约登记"等

---

① 浙江省卫生健康委妇幼处.浙江省率先推行出生"一件事""最多跑一次"[EB/OL].(2019-05-22)[2021-03-05].https://www.sohu.com/a/315724726_374902? sec＝wd.

便民应用数百项,全省政务服务事项掌上可办率超过80％[1]。除此之外,"浙里办"还推出一系列暖心服务,通过个人中心消息推送,主动提醒用户续办身份证、行驶证、驾驶证等到期证件,进一步实现"服务找人";推出交通违法缴款、教育缴费、社保费缴纳等各类缴费服务,为群众带来极大便利。

案例简析 >>>

"浙里办"作为一体化在线服务平台,运用整体智治思维,以数据共享破除改革堵点,聚焦用户体验,实现群众方便办、轻松办、满意办,切实增强改革获得感。"浙里办"开创了平台化政务服务新模式,以统一平台汇聚原来分散在不同条线的服务功能,以"产品运营观"理念不断扩大服务覆盖面,增加用户黏度,以"用户语言"重塑服务流程,满足群众通过移动终端实现"一次认证,全网通办"的客观需求。

第五节　数字赋能助推社会治理现代化

社会治理事关社会稳定和国家安全,是国家治理和省域治理的重大任务。当前,全社会数字化、网络化、智能化发展趋势不断加强,新一代信息技术正加快融入经济社会发展的各个领域,使得社会运行精准感知能力、公共资源高效配置能力、社会风险预警预判能力、突发事件应急处置能力显著提升,对社会治理实践与创新的引领作用逐步增强。近年来,浙江大力推进数字经济发展、政府

---

[1] 李佳,王黎婧.助力打造"掌上办事之省" 浙里办实名注册用户突破5300万[EB/OL].(2020-12-22)[2021-03-05].https://baijiahao.baidu.com/s? id=1686765755-607859001&wfr=spider&for=pc.

数字化转型和智慧社会建设,新一代信息技术已经成为浙江社会治理改革创新的重要支撑和特色。基层治理、矛盾化解、应急安全、城市管理等社会治理重点领域的数字化转型步伐加快,各类数字化应用不断涌现,有效提升了社会治理的科学化、精细化、智能化水平。

一、基层治理数字化的"浙江样板"

基层治理实践面临着县乡断层、条块分割等普遍存在的难题。按照科层制的专业分工与层级节制原则,基层治理的职能分散在不同层级和不同管理部门之中,形成了以"块"为单元的属地管理和以"条"为线的部门管理两种分割的管理模式。纵向来看,作为政府科层制的最底端,上级的治理任务往往被层层转移到基层,基层政府承担了大量社会治理事务,成为问题和矛盾最集中的一个层级;横向来看,政府各部门或囿于职责范围,或过多考虑部门利益,行政资源和信息无法在基层互通共享,从而难以形成基层治理的整体合力。

2016 年 9 月,为破解上述基层治理难题,省委办公厅、省政府办公厅下发《关于加强乡镇(街道)"四个平台"建设完善基层治理体系的指导意见》。2016 年 12 月,在试点的基础上全面推进基层治理体系"四个平台"建设,着力打造中国乡镇治理现代化"浙江样板"。"基层治理四平台"是指对乡镇(街道)和部门派驻机构承担的职能相近、职责交叉和协作密切的日常管理服务事务进行归类,完善相关机制,整合工作力量,形成综治工作、市场监管、综合执法、便民服务四个功能性工作平台,使基层任务统一准入、统一考核、统一标准。其核心是推动县级部门与乡镇(街道)之间的职责重构、资源重配、体系重整,从而使职权、资源等"围着问题转、贴牢一线干",形成职能更清晰、权责更统——、服务更高效、执行更有力的基层治理体制机制,从而真正实现"资源力量下乡镇,基层治理上水平"。

浙江目前已初步构建"一中心一网格"的基层治理体系。近年来,全省各地各部门按照整体、智治的要求,全面推动基层治理数字化转型,积极探索推动基层治理体制机制、组织架构、方式流程、手段工具的改革创新,整合建立"全科网格"制度,乡镇(街道)统筹协调和管理服务能力全面提升;建立统一的信息系统和全方位全流程的监督考核机制,稳步推进社会治理数据共享、业务协同,政府治理与村居自治有机融合,有效构建"党政主导、公众参与、社会协同、上下联动"基层治理新格局。

同时,浙江依托"基层治理四平台",全力打造政务服务统一门户网站——浙江政务服务网,推动政务服务向基层下沉,加快布局建设乡镇(街道)便民服务中心和村(社区)代办点等便民服务网点,努力构建县乡村三级综合信息指挥体系,打通服务群众最后一公里①。目前,"基层治理四平台"和浙江政务服务网已基本完成在乡镇(街道)、村(社区)层面的业务融合对接,基层网格员可以借助浙江政务服务网来归集梳理基层治理问题、传达社情民意,基层数字化治理的整体水平和效率得到了显著提升。

二、公共风险"精密智控"治理体系

近年来,全球重大灾害发生的频率呈上升趋势。新冠肺炎疫情暴发以来,全省上下坚决贯彻以习近平同志为核心的党中央的

---

① 金春华.浙江:对 2018 年"最多跑一次"改革和"基层治理四平台"建设工作作详细部署[EB/OL].(2018-01-19)[2021-10-30].http://www.gov.cn/xinwen/2018/01/19/content_5258271.htm.

各项决策部署,疫情防控工作在经历紧急性应对"防输入"、封闭式管控"防扩散"阶段后逐步转向"精密智控"第三阶段。所谓"精密智控",其核心要义是"智网恢恢,疏而不漏",实施精准、严密、智慧的点穴式管控,实现重点区域、重点人员、重点场所管控更严密,人流、物流、商流更畅通。将疫情防控纳入集中型灾害防控体系,及时监测和果断阻断可能发生的灾后公共卫生事件,可以不断提升和完善灾害防控能力[①]。

分区分级差异化防控和人员动态严密精细化管理,帮助浙江在疫情防控中打造了一套以"一图一码一指数"为抓手的新型数字"防疫系统"。"一图"指导分区分级差异化防控,全省以县域为单位,根据各县(市、区)疫情情况进行风险评估,根据各项指标的综合考量,分别用红、橙、黄、蓝、绿反映疫情风险等级,编制疫情"五色图",为全省各区域制定差异化防控策略和复工复产提供科学依据。"一码"实现人员动态严密精细化管理。"一指数"由管控指数与畅通指数构成,前者包括新增病例管控、外省输入病例管控、聚集性疫情管控等五个指标,后者包括健康码畅通度、公共交通开通率、高速国省干线公路开放率等七个指标构成。

在"一图一码一指数"的有效协同下,浙江以"健康码"为抓手,搭建起分级、分类、精准、严密、智慧的科学的"精密智控"疫情防控体系,并在余杭区率先上线全国第一张"健康码"。同时,在国务院的支持和引导下,"健康码"加速推广覆盖超过 200 个城市,基本实现全国绝大部分省市的"一码通行",不仅加快了复工复产、复市复学的速度,还有效避免了疫情防控工作"一刀切",有效减轻了疫情

---

① 刘民权.将疫情防控纳入集中型灾害应急防控体系[J].人民论坛,2020(26):64-66.

对经济发展和社会生活带来的冲击，大大降低了疫情防控的成本①。与此同时，为更好地服务企业安全发展，余杭区通过梳理归集重点企业的基本信息、监管信息等数据，利用大数据运算实现企业安全等级"一扫显示"，并同步生成红橙黄蓝四色"企业安全码"，达到对企业精准化、点穴式的执法监管效果。

2020年夏天，我国遭遇1998年以来最严重汛情。浙江省防汛抗旱指挥部指出，"今年汛期浙江雨量之大前所未有、梅汛期历时之长前所未有、水位之高前所未有，新安江防洪泄洪力度之大也前所未有"②。浙江应用钱塘江流域防洪减灾数字化平台，结合最新的气象预报成果，滚动开展50余次新安江水库预报调度计算。针对调度专家组提出的溢洪道开启孔数由3孔逐步增至9孔的会商意见，平台不断进行实时评估，并利用风险图功能研判水库在不同下泄情况下建德、桐庐、富阳等地区堤防与淹没风险。平台根据实时上游下泄情况，进行洪水滚动预报，研判下游薄弱环节，实现预报调度一体化，为新安江水库安全调度和钱塘江流域精准防洪提供科学决策手段。洪峰过后，平台持续预测、跟踪新安江水库入库流量、水位的发展演变，为新安江水库错峰兰江、逐步关闸提供技术支撑③。

浙江省"精密智控"体系的建立，为浙江"两手抓、两战赢"提供了有力支撑，展现了浙江数字化转型的先发优势和现代政府治理的新风采。

---

① 姚颖康，刘森月.从杭州"跑"向全国200个城市　还原健康码诞生全过程［EB/OL］.（2020-03-16）［2021-10-30］. https://baijiahao.baidu.com/s? id=1661307132161658707&wfr=spider&for=pc.

② 决战梅汛　重在落实落细落到位［EB/OL］.（2020-07-09）［2021-10-30］. https://baijiahao.baidu.com/s? id=1671707051191057870&wfr=spider&for=pc.

③ 水利部信息中心.智慧大脑支撑新安江水库精细调度［J］.水利信息化，2020（04）:26.

三、"智安小区"提升人民群众的安全感和获得感

居民小区作为社会治理的"最小单元",小区治理成效成为人民群众最直观感知。近年来,随着改革的持续深化,城市化进程的加快,流动人口急剧增加,城市人口状况呈现基数大、流动性大、管控难度高的特点,社区警务工作短板和痛点也越来越凸显[①]。因此,作为社会治理的重要方面,居民小区是推进社会治理创新的重要场景。

"智安小区"是平安城市的重要"管理单元",是社会治理延伸到城市生活中的"末梢神经"。小区智慧安防的完善程度,很大程度上影响着人民群众的幸福感和满意度。习近平总书记对平安中国建设作出重要指示,要全面提升平安中国建设水平,不断增强人民群众获得感、幸福感、安全感。为贯彻落实党的十九届四中全会精神,深入推进社会治理创新,加强社会治安防控网建设,建设更高水平的平安中国,智慧安防小区/社区(智安小区)成为各地探索社会治理的新模式,也是顺应现代科技发展大势、提升基层社会治理现代化水平的必然要求[②]。

"智安小区"实现了"互联网+社会治理"理念与立体化、智能化治安防控工作的深度融合。作为智慧社区的重要组成部分,"智安小区"可以集成人工智能、大数据、物联网等技术,打造多维感知、多维联动的社区智能安防系统,实现辖区内人、车、房、物、组织、设施等基础数据采集和汇聚,构建政府部门、街道、物业、居民

---

① 赵红柏.智慧安防小区管控系统方案设计与实现[D].杭州:浙江工业大学,2020.

② 李红莲.智慧安防小区建设提速　提升基层社会治理水平[J].中国安防,2020(08):1-10.

参与的社会综合治理体系,有效提升对特殊人群、重点关注人群、涉案人员等的管理能力,不断提高公安、综治等政府机关的预测预警和研判能力、精确打击能力和动态管理能力,提升社区安全防控智能化水平。

浙江的"智安小区"建设模式正不断向校园、楼宇、医院等基层空间单元延伸,不仅有效提高居民小区风险防控能力,增强人民群众的安全感和获得感,而且也进一步提升了基层治理合力和战斗力。智安小区为全省创新基层社会治理、践行新时代"枫桥经验"探索出了新路径,为浙江"重要窗口"建设提供了基层社会综合治理现代化的创新实践。

◆◆【案例 4-4】

余杭区完善"一中心四平台一网格"区域社会治理体系

杭州市余杭区直接服务人口超过 300 万,存在流动人口多、企业多、建筑工地多、信访存量大、交通流量大等问题[①]。根据客观形势,余杭区在"基层治理四平台"的基础上,推进完善"一中心四平台一网格"上下贯通、左右联动的区域社会治理体系建设。一方面搭建"联动化"三级架构,充分发挥社会治理综合服务中心作为全域治理指挥平台的协调作用;另一方面积极落实主体责任,建立"实体化"运行机制,打造"覆盖更全面、职能更完善、力量更充实、巡查更智能"的常态化网格工作体系;与此同时,平台还进一步细化任务清单,通过梳理基础任务清单,建立"两网"联系贯通机制,形成三级联动圈信息事件处置流程,实现"网格化"闭环模式。

---

① 黄丽丽,林丽娇,江艺成.余杭 深化全域治理建设擦亮城市幸福底色[N].浙江日报,2020-04-13(28).

案例简析 >>>

"基层治理四平台"是一个以信息技术为基础,同时集成"职能整合""信息网络""全科网格"的数字化复合型平台,是新时代浙江省基层治理体系的系统性变革。依托"一中心四平台一网格"平台打造浙江"覆盖县乡、功能集成、运行协同、简约高效"的基层治理体系,有利于解决乡镇街区治理中"看得见、管不着"和责大权小的问题,进一步推进基层治理体系和治理能力现代化,全面提升基层社会管理和服务群众水平。

第六节　全面推进环境保护数字化转型

浙江贯彻"绿水青山就是金山银山"发展理念,加速产业转型升级与生态环境治理,成功走出一条经济发展与环境保护共赢的新路子。浙江在生态环境治理、产业绿色转型、生态价值转化、体制机制创新等方面都展现出新趋势新特征,为建成"展示人与自然和谐共生、生态文明高度发达的重要窗口"奠定了坚实基础。

一、创新赋能生态治理数字化转型

生态环境领域专家曾指出,环保领域有先天实施大数据的条件,但就目前建设情况来看,环保部门在生态数据的储存、应用等方面"起了大早赶了晚集"①。不同职能部门之间尚未建立起数据共享平台,系统之间彼此不连通、无对接,存在明显的数据壁垒、数

---

① 徐丽莉. 生态环境大数据建设稳步推进[EB/OL]. (2016-08-08)[2021-05-30]. wx. h2o-china. com/news/244260. html.

据鸿沟[①]。而大数据技术可以把分散在不同行业领域的生态环境数据进行有效集成、存储管理及信息挖掘,推动环境管理转型,高效地解决生态环境问题。

生态环境保护综合协同管理平台作为浙江省政府第一批数字化转型重点项目之一,以打赢环境污染防治攻坚战和实现山水林田湖草统一监管为目标,以生态环境主题库为基础,着力打造生态环境全要素态势感知、污染源数字化档案、污染防治攻坚战指挥协同、生态环境治理应用服务四大模块。该平台系统整合各地、各部门生态环境数据资源和业务管理系统,促进生态环境保护各相关部门流程再造、业务协同、数据共享,推动山水林田湖草等自然资源综合监督管理,实现生态环境保护数字治理、精准治理、智能治理。

从浙江的实践来看,生态治理数字化转型的路径主要包括以下三个方面。一是完善生态环境主题库建设。依托数管中心统建的公共技术组件和数据资源体系,建立环保部门的数据仓,打造集自然生态系统、环境污染防控和风险监测等模块于一体的生态环境数字化转型综合平台,实现跨部门、跨行业、跨流域、跨层级、跨系统的数据归集和共建共治共享。二是推进生态治理政务流程优化再造。主要从总体设计、实现路径、任务分工、组织保障和制度保障等方面突出顶层设计,确保生态治理数字化转型具有前瞻性、系统性和可操作性。三是建立健全污染防治的数字一体化平台。着力搭建污染源数字化档案库,实现污染源管理"一源一档",推进生态环境监测、防治、执法等方面的数字化转型,实现智能监测和

---

① 顾金喜,胡健.生态风险治理数字化转型的路径探析[J].中共天津市委党校学报,2021,23(01):46-54.

控制。此外,在"无废城市""垃圾分类""智慧海洋""智慧林业"等专项领域,构建一系列数字化应用。

通过生态环境主题库的数字化转型,浙江借助新一代信息技术实现了对生态红线区、饮用水源保护区、自然保护区等重要生态空间以及资源要素的协同保护、智能管理,强化了重点区域、重点流域、重点行业、重点企业环境安全的综合监管力度。

二、打造一体化生态环境监测网络

高质量建设美丽中国需要各部门统筹协调、形成合力,但是在环境治理工作中还存在责任体系不健全、跨部门跨区域协同联动不足等问题。一是环保工作的责任体系不健全,形成了"生态文明建设就是环保部门的事"这一误解。二是跨部门跨区域协同机制和责任体系尚不健全,尚未形成"区域统筹、协力监管、高效联动"的环保合力[①]。

建设全省天空地一体化的水、土、气生态环境监测网络,全面覆盖噪声、辐射、生态系统和污染源等生态环境监测领域,形成全要素态势感知网络是生态环境治理数字化转型的重点之一,浙江在这方面已经有了比较良好的基础。截至 2020 年,浙江省已基本建成陆海统筹、天地一体、上下协同、信息共享的生态环境监测网络,监测预报预警、信息化能力和保障水平进一步提升,环境监测系统性、科学性、权威性进一步增强,有效支撑治水、治气、治土和美丽浙江建设。

探索建立生态安全监测预警体系,持续推进水环境治理、土壤污染防治、空气质量监测、气候变化、海洋生态环境等专业化应用

---

① 刘磊,周梦天.开拓"绿水青山就是金山银山"新境界——浙江"十四五"生态文明建设研究[J].浙江经济,2020(09):30-33.

系统建设,综合监督管理山水林田湖草等自然资源,实现生态环境保护数字治理、精准治理、智能治理。一方面完善重点排污单位自动监测异常报警机制,建立污染源排污异常报警体系,提高对污染物超标排放、在线监测设备运行和重要核设施流出物异常等信息追踪、捕获、研判和报警水平。另一方面建立健全以省级为核心、重点城市为区域支撑的陆地和海洋环境应急监测体系,强化应急监测能力建设,配齐应急监测装备,组织开展环境应急监测演练[①]。目前,浙江省已实现了生态环境资源和环境风险的实时监测、在线监测,群众可在浙江省环保厅的官网上查询到实时的空气质量自动数据,包括空气质量状况、空气质量指数(AQI)、$PM_{2.5}$实时浓度、重污染天气空气质量监测预警。

未来,浙江省将进一步提升生态环境数据传感器灵敏度、环境数据智能分析能力、生态环境预测预警能力以及应急辅助决策和处置能力,推动海量生态数据、现代新一代信息技术与生态治理的有效结合并转化为优化政府生态治理的"生产力",系统提升生态治理能力。

三、形成数字化环境监管和执法能力

环境执法是环境保护屏障,浙江省通过实施污染防治攻坚战指挥协同"一张图",不断增强信息共享、信息化调度协同、智能化监管监测、预防预警以及应急处置能力,并依托生态治理综合管理协同平台,系统整合环境执法资源,完善各部门信息共享、联动监管、联动执法、智能执法等机制,加快推进污染防治和环境风险治

---

① 浙江省人民政府办公厅关于印发浙江省生态环境监测网络建设方案的通知[EB/OL].（2017-12-20）[2021-10-30]. https://huanbao.bjx.com.cn/news/20171220/868899.shtml.

理的数字化转型。

浙江通过生态环境保护综合协同管理平台,已基本形成"上下联动、条块结合、综合监管、智慧监管"的环境执法新格局。从生态治理的流程演变来分析,生态治理综合管理协同平台还必须对突发环境事件处置实现系统的、全流程、革命性的重塑和再造,它不仅要建立基于新一代信息技术的网络化、智能化的应急响应、应急动员、应急保障、应急调度、应急处置和信息反馈于一体的闭环系统,全面提升各系统各部门各层级之间的协同能力,而且还要对涉及应急处置的各环节、各层级、各部门的任务进行数字化分析、解构和重构,确保应对突发环境事件和环境风险治理的协同化、智能化、高效化、最优化。

浙江打造生态治理综合管理协同平台有助于利用跨部门跨行业跨系统数据整合成果,对企业用电、用水、用煤、用气等资源能源消耗、原辅材料使用情况、申报纳税、信访投诉等数据进行关联分析,提取企业环保投入、生产经营、社会影响等特征指标,建立企业环境行为风险评估模型,锁定高风险环境违法企业,实现精准执法、高效执法。与此同时,为进一步贯彻落实数字化转型发展要求,浙江加强了智能监测、智能监管、移动执法和行政处罚电子化网络化平台建设,积极推进环境执法信息化、网络化、移动化、智能化、便捷化。

杭州城发集团开发的"智慧水环境大脑系统"就是生态环境保护数字化管理的典范。该系统可以实现河道重要断面及排口水质、水位、现场监控视频等数据的实时采集、上传和可视化展示。管理人员通过电脑端、移动端随时随地监控河道状况,一旦发现问题可在第一时间联系"河长"落实责任,辅助河道巡查考核。这套系统相当于拥有一颗"智慧水脑"的 24 小时高效监测的"侦察兵"。常规的人工取样、检测至少需耗时 1 天,装了这套监测设备后,能实现 24 小时检测并能及时传送结果,为河道应急监测的效率提升提供了有力的技术支撑。未来,"智慧水环境治理系统"将在城市河道防洪、调配水、应急安全管理、水环境治理等方面进行功能扩展,并与市政智慧管网、智慧水务等系统相辅相成,形成解决城市内涝、管网堵塞、雨污合流、河道水生态功能退化等问题的智能化方案[①]。

◆◆◆【案例 4-5】

固废治理数字化应用

绍兴市"无废城市"数字化应用平台构建"1-10-1-7"架构体系。"1"是依托绍兴市政务"一朵云","10"是构建包含业务监管、信用评价、考评管理、风险管控、视频联动、交易撮合、舆情监控、决策支持、跨部门协同、综合服务等十大模块的无废综合管控中心,"1"是无废城市业务能力平台,"7"是建立包含工业固废管理子系统、危险废物管理子系统、生活垃圾管理子系统、建筑垃圾管理子系统、农业废弃物管理子系统、废水排放管理子系统、废气排放管理子系统的专项管理系统。目前"无废城市"信息化平台已经形成了 1 个改革实施方案和 6 个配套办法的"1+6"生态环境损害赔偿制度框架,创立了生态环境损害赔偿、修复、资金管理模式,形成了"自行修复""替代修复""异地修复"的责任承担方式,建立了生态环境损害赔偿技术协作机制、行政磋商机制和司法修复机制。

---

① 俞磊,陈燕.打造智慧"水脑"共建水美浙江[J].城乡建设,2020(21):29-30.

案例简析 >>>

　　"无废城市"是一种先进的城市管理理念,作为首批"无废城市"建设试点城市,绍兴市"无废城市"信息化平台从"生产源头、转移过程、处置末端"等三个环节重点突破,搭建便捷高效的可监控、可预警、可追溯、可共享、可评估的信息化管理平台,利用信息化技术实现对固体废物"从摇篮到坟墓"的"基于互联网＋信用＋监管"的全过程闭环管理,形成了可复制、可推广"互联网＋信用＋监管"的绍兴模式。

◆◆ **本章小结**

　　政府数字化转型建设是一场刀刃向内的政府治理革命,更是实现治理体系和治理能力现代化的必由之路。浙江深入践行习近平同志在浙江工作期间作出的"数字浙江"建设决策部署和关于数字化发展的重要论述,先后推进深化电子政务门户基础建设、"四张清单一张网"体系建设、"最多跑一次"深化改革以及整体智治现代政府建设,全面落实政府数字化转型建设工作,从整体上推动省域经济社会发展和治理能力的数字化变革。数字政府建设是一项长期、持续的系统工程,需要从公众服务全生命周期、公共数据基础设施、整体智治体系改革等多方面进行全局谋划,不断探索互联网、人工智能、5G等新一代信息技术在政府各个领域的创新应用。

◆◆ **思考题**

　　1.数字政府建设是系统性、协同式变革,浙江省构建了一套怎样的体系架构,全面推进"六位一体"数字化转型?

　　2.浙江省在提升政府运行效率层面,构建了怎样的体系?通过创建什么 App 来促进协同办公的高效有序?

3.公共服务数字化转型的根本目标是让群众在公共服务中更有获得感和幸福感,浙江做了哪些工作实现群众办事省时、省心、省力?

◆◆ **拓展阅读**

1.马晓东.数字化转型方法论:落地路径与数据中台[M].北京:机械工业出版社,2021.

2.王益民.数字政府[M].北京:中共中央党校出版社,2020.

3.张建光.智慧政务:数字政府发展的新生态[M].北京:电子工业出版社,2019.

推进国家治理体系和治理能力现代化,必须抓好城市治理体系和治理能力现代化。运用大数据、云计算、区块链、人工智能等前沿技术推动城市管理手段、管理模式、管理理念创新,从数字化到智能化再到智慧化,让城市更聪明一些、更智慧一些,是推动城市治理体系和治理能力现代化的必由之路,前景广阔。

——摘自习近平总书记《在浙江考察时的讲话(2020 年 3 月 29 日—4 月 1 日)》①

第五章　浙江数字政府建设的特色与经验

◆◆ 本章要点

1. 加强顶层设计是数字政府建设的根本保障,通过成立数字政府建设工作领导小组,建立强有力的政府数字化转型推进机制,构建适应数字化的组织构架体系和标准规范体系,以一体化基础设施和共建共用共享的数据资源为基础,着力推进政府履职各领域的协同变革。

2. 运用数字化手段推动政府运行效能提升是浙江省打造"整体智治、唯实惟先"现代政府的重要支撑,通过一体化数字化平台建设,加强部门间数据共享、省市县乡多级统筹,全面提升政府决策能力、协同办公能力、政府监督水平和基层智治能力。

3. 数据支撑和共享开放是推动政府数字化转型稳步运行的基

---

①　习近平.在浙江考察时的讲话(2020 年 3 月 29 日—4 月 1 日)[M]//中共中央党史和文献研究院.习近平关于网络强国论述摘编.北京:中央文献出版社,2021:143.

础,也是解决政务信息化建设中"各自为政、信息孤岛"问题的关键,通过"数据多跑腿,群众少跑腿"的方式,可以充分释放公共数据资源的经济价值和社会效益。

4.浙江在推动数字政府建设探索中,始终将提高"人民获得感"作为出发点与落脚点,以人民群众最直接、最现实的利益为目标,以人民群众的真实感受和实际体验为导向,以人民群众在全过程中的共建共治共享为路径,让数字化发展成果真正被人民群众想得到、用得上、记得住。

浙江省作为全面展示中国特色社会主义制度优越性的"重要窗口",其数字政府的建设经验对全国推进政府数字化转型具有重要参考价值和借鉴意义。数字政府转型是一项综合性的、自上而下的治理变革。浙江省以顶层设计为突破口,以人民满意为目标,利用互联网、大数据等现代信息技术,加强政务信息资源共享交换,推进集约化平台的建设和应用,对外实现政务服务质量提升,对内实现政府运行协同高效,提升省域治理能力和治理水平,增强人民群众的获得感和满意度。

第一节 以顶层设计为突破,深入
推进数字政府建设

浙江政府数字化转型启动于"数字浙江"概念的提出,经历了"四张清单一张网""最多跑一次""政府数字化转型"等标志性阶段,逐步迈向"整体智治"阶段。这期间,浙江以政府数字化转型为引领,推进省域治理体系和治理能力现代化,始终坚持"刀刃向内"

"自上而下"的自我革命,以顶层设计为突破,以深层次系统性制度重塑为推进方向,在"整体智治"理念、组织保障、标准规范和技术支撑等方面积累了丰富的经验。

一、理念重塑:从数字赋能到"整体智治"

2020年3月,时任浙江省省长袁家军在政府数字化转型第十次专题会议上明确提出:当前,政府数字化转型进入了一个新阶段,主要特征即是聚焦系统融合、综合集成,以场景化的多业务协同应用为抓手,打造"整体智治"的现代政府。在此背景下,"整体智治"理念应运而生,自上而下进行全方位、系统性、重塑性变革,进而推动政府实现职责明确、依法行政、协同高效,提升行政质量、行政效率和政府公信力。

"整体智治"的现代政府理念包含"整体"和"智治"两层含义。"整体"即"整体政府"理念。通过跨部门的数据共享、流程再造和业务协同,打造"整体政府",政府服务方式从"碎片化"转变为"一体化",群众和企业办事从"找部门"转变为"找政府",着重体现了多元治理主体有机协调共同开展公共事务治理的理念。"智治"即基于数字化的智慧治理。发挥数据在推进政府治理体系和治理能力现代化中的重要作用,更好地运用云计算、大数据、物联网、人工智能等新一代信息技术,加快形成即时感知、科学决策、主动服务、高效运行、智能监管的新型治理形态,促进政府决策更加科学、治理更加精准、服务更加高效。

全方位深化政府数字化转型是打造"整体智治"现代政府的重要途径。集合各方面的智慧和经验,把握好确定目标、抓纲带目、体系推进、闭环管理、最佳实践、迭代深化等环节,并通过数字化平台综合集成,整合为一个完整的数字化体系和执行控制机制。各地各部门创新政策供给，丰富政策工具箱，包含产业政策、财政政策、金融政策、要素政策等。

"整体智治"背后，即是以数字的高效、精准、追溯过去、预测未来等强大优势，构建治理新平台、新机制、新模式。而一切的核心，无不蕴含着"以人民为中心"的初心使命。"整体智治"是数字时代政府治理的新形态，是浙江高水平推进省域治理现代化的重要支撑，或将为其他国家和地区，尤其是正在或即将运用新一代信息技术开展公共治理的国家和地区，提供重要的理论准备和经验借鉴。

二、组织保障：跨部门、跨主体高效协同

浙江省建立了强有力的组织保障体系，在数字化转型工作领导小组的指导下，组建了数字化人才团队，构建了高效的工作协调机制，完成了政务数据管理机构改革，统筹规划、统一部署、协调推进数字政府建设。

优化政府数字化转型的机构设置与职能配置。浙江省以十九大后的机构改革为契机实现全省数据管理机构的升格单设，在2018年正式成立浙江省大数据发展管理局，负责推进政府数字化转型和大数据资源管理等工作。截至2020年底，浙江省、市、县三级均组建了专门的数据管理机构，整合原先分散在不同部门的公共数据管理、电子政务管理、政务信息化建设等工作职责，成为全国最早完成市、县、乡三级机构改革的省份，进一步理顺各部门在政府数字化转型中的主要职责和责任分工，强化各部门协同联动。

成立深化数字政府建设领导小组和专项工作小组。浙江省各地、各部门落实"一把手"责任制，成立数字化转型工作推进领导小组，建立政府数字化转型工作协调推进机制，加强对全省各领域数字化转型的集中领导和统筹协调。为确保各项工作计划有效落实，围绕重点任务建立工作专班，制定年度工作实施方案，明确牵头部门、协同部门分管责任人和具体责任人，各单位按照职责分工按月细化牵头任务，构建上下贯通、横向联动的工作格局。各市、县(市、区)围绕顶层设计，结合当地实际，健全组织队伍，明确牵头单位，确定发展目标，落实数字化转型各项工作举措。

强化政府财政资金保障。为有效支撑数字化业务系统的平稳运行，浙江省政府建立了可持续的财政资金保障机制，以政府财政预算投资为主导，探索政府数字化转型工程建设投资的新模式。积极探索"政府主导＋社会参与"的建设运营模式，充分发挥政府引导、管理作用，激发市场活力，鼓励社会资本参与政府项目，推动基础网络设施、云计算设备、大数据平台和数字化应用的建设和运营。

提高公务人员数字素养。为强化公务员队伍的数字化转型思维和技能，浙江省从加深部门领导对数字化的认知程度入手，出台干部数字素养提升的教育培训实施意见，将数字化技能培养纳入干部培训、考核计划和各级党校、行政学院教学体系，重点围绕领导干部这个"关键少数"开展集中培训，通过领导干部的示范引领重构政府组织文化。为解决各级政府数字化人才短缺的问题，浙江建立人才培养、引进、流动和使用机制，加强信息化机构和专职工作人员的配备，采取绿色通道招聘、聘用制、雇员制等多种方式吸引政府急需的数字人才，尤其在数据管理部门、行政服务中心、信息中心等机构探索实行特岗特聘制度。制订数字人才长期培养规划，鼓励高校设立数字化相关专业学科，通过定向培养、委托培养等方式，加大对数字政府领域人才培养力度。

三、标准规范：提升建设的质量和效率

标准化是推动政府数字化变革的重要工具,标准化作为普适性的管理工具,是经济活动和社会发展的技术支撑。运用标准化的理念和思维开展政府治理是推动数字政府建设的重要工具和基本保障,是解决政府部门之间"信息孤岛""数据烟囱"问题的有效手段。

高度重视数字政府标准化建设。数字政府建设初期,浙江省面临着业务系统不互通、数据难以共享开放、数据资源利用水平低等问题,亟须出台相应的标准规范来推进政府部门的数字化建设工作。2016年浙江省出台《浙江省"标准化＋"行动计划》,通过"标准化＋"建设催生新技术、新产品、新业态和新模式,推动标准化与经济社会发展的各领域、各层级、各业态深度融合。2018年出台《浙江省数字化转型标准化建设方案(2018—2020年)》,加快构建结构清晰、系统高效的数字化转型标准体系,进一步深化国家标准化综合改革试点,制定实施一批具有先进水平的亟须标准,以标准化建设推进政府数字化转型。2019年出台《政府数字化转型工作指南》,明确浙江省政府数字化转型发展的方向和总体要求,为更高层级开展政府数字化转型提供建设指南和工作规范。2020年出台《浙江省公共数据开放技术规范》,进一步规范数据开放平台界面、数据开放标准、域名及用户对接、开放网站前台功能等相关内容。

构建覆盖全面的标准体系。浙江省针对业务应用体系,构建覆盖经济调节、公共服务、社会治理、生态环境保护、市场监督及政府运行的数字政府标准体系框架。建立涵盖教育、司法、文化、健康、交通、地理、金融、信用等领域的社会公共服务标准库,明确公

安、人力社保、民政、医疗等领域信息共享标准化路径,加快"网上办、掌上办"领域数据采集、分级、交换、质量、保密等关键共性标准的制定,实施基本公共服务指导性目录及标准。结合基层社会治理工作,开展基层社情民意监测标准化工作,围绕基层治理重点领域实施一批标准化项目,鼓励各地将基层社会治理经验向标准转化,支持有条件的标准上升为地方标准、国家标准。

一是完善业务应用体系。明确互联网政务信息数据服务、便民服务平台、行业数据接口、电子政务系统可用性、政务数据资源共享等政务信息标准化内容。建立标准化审批事项管理流程,根据部门权力清单和责任清单,及时调整完善行政许可目录,编制审批事项办事指南和业务手册。加快行政审批权力标准化运作,构建"多规合一"准入审批标准,规范申请、受理、审查、决定等审批事项办理环节流程。

二是构建数据资源标准模型。为破解"信息孤岛"的堵点和难点,构建跨部门、跨层级、跨领域的数据资源标准模型,按照一数一源、多元校核、动态更新的要求,明确数据资源归集共享开放的标准规范,健全数据采集、传输、存储、使用、开发等环节的安全边界和监管措施,制定了涉及国家利益、公共安全、商业秘密、个人隐私等信息的保护清单标准。围绕数据共享、流程再造、信用体系建设,编制统一公共数据资源目录,完善"互联网+政务服务"公共数据管理、电子证照库、人口综合库、公共信用库等方面的标准规范。

三是完善管理制度和技术规范。为保障基础设施安全可靠,浙江省制定了政务云平台各节点技术标准,出台了政务云平台安全管理等相关规范,统一政务云计算标准和云安全防范措施,统筹规划省市两级政务云平台建设,有效支撑基础设施资源调度和运维监控。为优化 IPv6 环境下的网络安全管理,浙江省建立了完善的管理制度和技术规范,开展面向 IPv6 的网络安全等级保护、风险评估、通报预警,提高网络安全防护能力。

四、技术支撑:助力高水平建设数字政府

浙江省数字政府建设已取得一定成效,充分运用新一代信息技术,不仅在全国率先建成省级政务云服务体系和政务服务"一张网",实施全国第一部公共数据和电子政务政府规章,同时率先编制了《数字政府建设总体方案》,打造政府数字化转型先行区和示范区,推动政府数字化转型走向全国前列①。

统筹一体化的应用支撑体系。新一代信息技术的推广应用为数字政府建设提供了战略支撑,同时也为应用支撑体系建设提供技术保障。作为政府数字化转型的"生产工具",应用支撑体系能够为各地区各部门的业务应用系统建设提供统一、可复用的通用服务和公共技术组件支撑,不仅可以大大降低政府各部门业务服务、系统开发的复杂性和成本,增强数据资源复用创新能力,还可以有效提升政务服务效能,推动政府数字化转型建设。

浙江省应用支撑体系由全省按照统一标准规范,集中统筹规划建设,建设内容主要包括通用服务组件和公共技术组件两部分。其中,通用服务组件包含:浙江省统一的可信身份认证平台、全省统一的地理信息公共平台、公共信用信息平台、政务网站集约化平台和移动应用开发平台、数字政府运营管理平台。公共技术组件主要包含:电子签章(签名)、电子归档、工作流程管理、搜索引擎、计算机视觉、智能语音交互、语言识别、机器学习等,为各类政务数

① 刘淑春.数字政府战略意蕴、技术构架与路径设计——基于浙江改革的实践与探索[J].中国行政管理,2018(09):37-45.

字化应用提供标准化开发组件。

建设省市两级公共数据平台底座。在万物互联时代,全球信息数据总量呈现爆炸式增长,数据资源成为了智慧社会发展建设的核心生产资料,因此,如何有效地利用数据资源推动数字政府建设成为工作重点。作为数字化转型发展的关键驱动力,合理配置数据资源、统筹部署数据支撑体系不仅可以保障政府数字化转型稳步运行,同时还可以筑牢数字经济、数字社会发展基础,完善社会治理体系,提升政府服务和管理效能,推动经济转型升级。

浙江省公共数据平台建设主要包括平台总体架构、公共数据目录、公共数据归集交换治理体系和公共数据共享开放体系。通过对全省公共数据资源进行全盘梳理、统一归集、集中治理、协同共享和有序开放,充分发挥公共数据资源的经济价值、社会价值。

构建牢固的基础设施体系。基础设施是政府数字化转型过程中的重要支撑。在"新基建"浪潮中,数字政府建设要紧跟时代步伐,不断加强电子政务服务设施体系建设,充分发挥"基建"在政府数字化转型建设中的"基石"作用①,为政府数字化治理提供良好的发展环境。

浙江省数字政府基础设施主要包含统一的政务云平台、基础信息网络和物联感知体系,通过强化互联互通的政务"一朵云"建设,加强网络安全及运维保障,推进部门专网整合,为各类业务应用提供统一、安全、稳定、高效、按需使用的基础设施资源。各地各部门统筹利用全省统一的政府数字化转型基础设施,提高整体使用效益和融合互联水平,避免重复投资、盲目建设。

---

① 数字政府怎么建?具体把握三方面[EB/OL].(2020-08-12)[2021-03-05].
http://www.echinagov.com/news/285978.htm.

第二节　以数字赋能为手段,助力
政府运行高效协同

政府运行是否顺畅不仅影响政府绩效及治理能力,同时与经济社会的高质量发展也存在紧密联系。浙江围绕"管"和"服",立足企业群众需求和办事获得感、满意度,以数字化手段推进政府治理全方位、系统性、重塑性变革,构建整体高效的政府运行体系,从而打造整体智治、唯实惟先的现代政府。

一、以数字治理提升政府决策能力

随着政府数字化转型的不断深入推进,数据智能驱动政务决策逐渐成为数字政府建设的重要发展趋势。尤其是新冠肺炎疫情之后,各地区政府越来越关注数据智能决策在政府运行过程中的巨大价值。浙江聚焦重大改革、重大任务、重大风险,积极探索构建大成集智数字化决策支持平台及数据决策治理机制,加快城市大脑数字驾驶舱的建设和推广,努力让数字汇智更敏捷、数据辅策更智慧、数据预测更精准。

强化"城市大脑"通用平台建设。城市大脑是支撑经济、社会、政府数字化转型的开放式智能运营平台,是数字浙江建设的重要基础设施和综合应用工具,更是城市治理现代化的数字系统解决方案。依托物联网感知体系,城市大脑将分散在城市各个部门、地区的数据资源联通共享,并利用人工智能等信息化技术建立一个高速运行的城市中枢神经体系,通过对数据的实时分析,优化资源配置效率,实现交通、医疗、应急、养老等多领域、多场景的智能化决策,从而不断提升城市大脑赋能市域治理现代化能力。城市大脑是推进城市治理现代化、加快建设数字城市的实践探索的重要手段。通过数字化手段打通信息壁垒,唤醒沉睡的数据,为优化公共资源配置、宏观决策指挥、事件预测预警、治理"城市病"等提供支持,对于推进城市治理现代化具有重要的先行先试意义。

　　赋能城市治理决策,建立数字驾驶舱。数字驾驶舱是城市管理者进行决策执行的"方向盘"。浙江围绕经济、政治、文化、社会、生态文明五位一体顶层架构,结合城市特色的分级指标体系,构建市级、部门、县(市、区)等多层级数字驾驶舱。该平台由城市大脑中枢系统提供算力支撑,以跨部门、跨区县的数据实时流动、协同及迭代循环为基础,通过多种分析预测算法和大数据技术,实时监测城市运行态势,从而实现城市运行各项指标的横向贯通、纵向比较、在线监控及智能预警,成为各级各部门城市治理的"分析仪""扫描仪"和"指南针"。城市管理者通过对城市运行态势的全局预览、指标预警、趋势研判,第一时间发现问题找到根源,进而做出科学精准判断和决策,提升城市运行水平和突发事件处置效率。

二、以数据共享增强协同办公效能

　　政府机关内部办事效能不仅会关系到营商环境建设,也会影响机关干部为群众和企业服务的工作热情。因此,必须进一步深化机关内部"一件事"集成改革,强化机关执行力度,推进机关内部跨部门流程再造、业务协同、数据共享。浙江省积极实施"一件事"集成改革,围绕决策、执行、监督等机关履职全周期,打造"一件事"协同高效的数字化政府执行平台,有利于全力破解机关部门内部办事时间长、多头跑、环节多等问题,打破机关内部间的办事壁垒,推动部门间非涉密事项100%线上办理。浙江省经过不断地改革实践,以机关内部"一件事"改革这一"小切口"撬动了"最多跑一次"改革,从试点先行到全面推开,从单个事项到机关内部"一件事",从"信息孤岛"到互联互通,从"线下办"到"网上办、掌上办",持续扩大"一件事"改革范围和力度,推动政府职能、服务方式、机关效能的整体性变革,着力打造"机关效能最强省"①。

提高政府机关思想认识。思想是行动的先导,认识是行动的关键动力,推动机关内部数字化执行体系建设必须切实树立"整体智治"思想理念,坚决摒弃改革纯粹是方便机关内部办事的简单认识,消除改革无法深化拓展的消极态度。浙江不断深化"整体智治"理念,通过不断的学习实践来丰富机关内部"一件事"改革内涵,持续加码、加力推动机关内部业务协同、流程再造、"网上办、掌上办"等各方面的改革深化。

梳理机关内部办事事项。浙江借鉴政务服务事项梳理经验,以《省市县三级部门间办事事项参照目录》为蓝本,深入开展事项比对规范,全方位梳理机关内部办事、政策协调、考核督查等各类办事事项,编织更加清晰、便捷的办事指南、流程图和各式表单等,推动全省事项、情形、表单、材料标准化水平的大跃升,形成"一种情形一套标准"的办事指南体系。与此同时,浙江正在抓紧研究出台机关内部办事事项动态管理办法,推动各部门间的业务协同,加快实现"网上键对键"办理,努力将实践证明行之有效、干部群众满意的具体举措、运行流程,用标准和制度的形式固化下来,进一步推动制度优势转化为治理效能。

推进"网上办、掌上办"。新冠肺炎疫情发生以来,政府部门的掌上办公、掌上办事的协同能力受到了巨大考验,因此为做好疫情

---

① 全省深化机关内部"最多跑一次"改革推进会在杭州召开[EB/OL].(2020-10-29)[2021-03-05]. https://www.sohu.com/a/428209089_670459.

防控保障工作,提高机关内部掌上办公效能,浙江依托"浙政钉"优势,不断强化掌上办公平台功能的迭代开发,加快将政府部门的各类业务服务嵌入该系统,促进机关工作减负增效。同时,为强化机关内部"一件事"改革成果,浙江要求凡已开通"网上办、掌上办"渠道的部门,都要走线上流程,避免线上线下"两张皮",确保改革成果"不可逆"。

完善"一件事"集成改革。2020年9月,浙江省委改革办梳理公布了包含国土空间规划等47个省级部门在内的21项"一件事"清单。为形成改革聚合效应、溢出效应、撬动效应,浙江以系统集成为重要抓手,全面树立"全周期管理"意识,聚焦政策协调、审批协同、社会治理、执法监管、要素保障、从严治党、监督考核等重点方面,不断丰富拓展"一件事"改革应用场景。同时,浙江进一步全面梳理党政机关内部运行环节、事项办理时限、办理材料、收费标准等内容,优化整体运行流程,明确机关内部事项每一个环节、顺序、步骤,以及各节点上的责任主体、任务分工、办理期限,全面实现"一套材料、一次提交、一窗受理、一网通办、一次办结"。

三、以综合集成撬动政务督查升级

坚持用制度管权、管事、管人。让人民监督权力,让权力在阳光下运行是保障政府顺畅运行、打造"阳光政府"、构建"清廉浙江"的重要力量。2019年8月"浙里督"App正式上线运行,浙江借助该平台向公众征集各级政府及相关部门在营商环境优化、企业风险防控等工作中不作为、慢作为、乱作为、需作为等问题线索,并将省市县三级惠企政策清单进行公布,把政务督查"直通车"开进企业,确保企业应享尽享政策红利。作为浙江数字政府建设的重要监督门户,"浙里督"为群众提供了一个政民互动的畅通平台,融合了较为丰富的板块功能,大大提高了人民群众对政府行政效能建设的参与度,提升督查工作的科学性、针对性、实效性。

打造"人人都是监督员"的"浙里督"平台。作为全国首个综合型"互联网＋督查"平台,"浙里督"平台集成了重点督查、惠企调查、绩效考评、数据监测等功能,推进视联网技术在重大项目建设等重点督查领域的应用。同时,浙江将从业务应用、数据支撑等层面,谋划建设省市县整体协同的政务督查效能管理平台,建立多级联动的督查协同平台,构建来源可溯、去向可查、监督留痕、责任可究的完整信息链,对行政权力运行、政务咨询投诉、公共资源交易等运行情况进行在线即时监测,实现多方在线联动,推进依法行政、"清廉浙江"建设。

构建交互式的政务督查机制。督查有力能够让民生实事更实。浙江依托"浙里督"平台,开设政府年度督查重点、工作动态、民生实事等展示区,及时公开政务督查相关信息。同时,围绕群众最关心、最直接的问题,设立"意见征集""网络投票""完成情况""公众评价""督查线索征集"等多个专栏,征集社会意见和建议,将民生实事点位集成"一张图"展示、导航,形成归类清晰、指向明确的督查线索,更好地促进政府部门实际工作的推进。此外,针对每一个项目落实"好差评"机制,做好政府和群众之间的交互监督①。

创新政府绩效管理工作。推进考核公开和智慧评价政府绩效管理工作创新是建设廉洁型、服务型政府的大势所趋。针对浙江

---

① 方问禹.浙江省"互联网＋督查"平台"浙里督"上线运行［EB/OL］.(2019-08-21)［2021-03-05］.https://baijiahao.baidu.com/s? id＝1642466710344105703＆wfr＝spider＆for＝pc.

政府各部门的绩效考评办法以及考核结果情况，"浙里督"不仅持续完善建设政府绩效考评、数据监测分析等系统，同时还开设了专门的工作绩效管理展示区，利用可视化图表等形式，清晰描绘省级部门绩效画像，对各个部门行政业绩、行政质量、行政效率、政府公信力和满意度等考评等级进行全方位展示[①]。

打造政府改革创新晾晒台。创新是政府数字化转型的关键动力源泉。浙江将"改革创新"指标项放入政府部门绩效考评体系当中，并在"浙里督"平台开设政府改革创新经验的展示区，以"比一比，政府改革谁先行"为着眼点，推广各地各部门可复制、可推广的改革创新最佳实践。同时为了进一步鼓励各地各部门进行创新实践，"浙里督"平台还开设"部门政创空间"和"市县政创空间"展示区，对省级部门年度改革创新项目评审结果及各地区具有先行示范意义的改革经验进行公开展示。

探索为民办实事闭环管理机制。保障和改善民生是一项长期性、系统性工程，也是政府数字化转型发展的根本出发点和落脚点。为进一步畅通群众表达心声的渠道，切实帮助人民群众解决实事问题，提升群众的获得感和幸福感，"浙里督"平台开设专门的民生实事展示区，针对群众意见、建议及群众关心的重点项目建设等情况进行实时动态公开展示，不断完善民生实事由人民群众"一起提、一起定、一起督、一起评"的良性格局。

四、以整体统筹推进基层智治改革

县乡断层、条块分割是基层管理体制长期存在的突出问题。为进一步破解基层治理的难点、痛点、堵点等问题，浙江坚持县围

---

① 省政府门户网站推出"浙里督"专区［EB/OL］.（2019-09-11）［2021-03-05］. http://www.sohu.com/a/340246369_648787.

绕乡、条围绕块,自下而上构建基层整体智治体系,持续推动十部下沉、资源下倾、职权下放,构建明晰化县乡权责体系、模块化乡镇(街道)职能体系和集成化事项运行体系,着力推进"县乡一体、条抓块统"重大改革。同时,浙江以基层试点创新方式带动基层治理改革发展,深入推进"治理体系深化升级、试点工作攻坚突破",借助试点建设经验,为全省基层治理现代化建设提供样板方案。

完善县乡功能,实行分类管理。2003 年提出的"八八战略"中的一条就是"进一步发挥浙江的城乡协调发展优势,统筹城乡经济社会发展,加快推进城乡一体化"。浙江是资源小省,对资源集约使用、区域集聚发展的要求更为迫切,但乡镇(街道)"千人一面"的体制惯性,很大程度上忽视了乡镇(街道)的功能差异。因此,围绕推进新型城镇化和城乡融合发展,根据资源禀赋、生态容量、产业特色等实际,浙江从市县层面统筹确定每个乡镇(街道)的功能定位,推进县乡体系改革,建立差异化管理体制,实现分类管理①。

明确县乡职责,加强乡镇担当。明晰县乡职责、规范"属地管理"行为是基层减负工作的重要内容。浙江认真抓深做实"两个担当",加强规范属地管理行为,制定乡镇(街道)属地管理事项责任清单,着力解决乡镇(街道)"流汗又流泪"问题,推动属地管理事项向清晰化、规范化转变。为了进一步高效落实权力清单,浙江从经济调节、市场监管、社会治理、公共服务、环境保护等领域全面细分县乡各级部门的职责事项,明确各部门和乡镇(街道)主体责任和配合责任,破解县级部门依法履职等难点问题。

---

① 浙江省委编办.抢抓改革机遇 强化县乡统筹 着力构建"县乡一体、条抓块统"治理模式[EB/OL]. (2020-04-16)[2021-03-05]. http://www.scopsr.gov.cn/zlzx/wqzt/dfgghglcxjyzf/tjxzjdjc/202004/t20200416_374373.html.

强化县乡力量,强化整体合力。基层想要减负,必须完成先减后加两道题。目前,浙江各地区乡镇(街道)的管理服务与其自身管理力量并不匹配,通常是一人多岗、一人多责,繁重管理任务严重束缚基层干部手脚,大大降低了基层治理效能,因此必须进一步减轻基层不必要的负担任务,增强基层力量整合力度,打破"5+2""白+黑"等问题常态,提升县乡协同联动处置能力,加快推进政府部门人员力量、编制资源进一步向基层下沉整合。

统筹县乡运行,提升治理效能。完成组织架构和机构职能的调整,只是解决了"面"上的问题,真正要实现从"物理变化"到"化学反应"转变,还需要健全完善县乡协同的运行机制。浙江通过构建县乡联动的综合指挥体系,强化日常事项统一分办、行政执法统一协调、应急管理统一指挥、履职绩效统一督办,同时还建立健全乡镇(街道)机构与派驻机构联席会议、工作例会、联合执法、研判会商、定期通报、属地考评等制度,规范操作程序和业务流程,实行模块化作业,切实提高县乡机构运行效能。

第三节　以一体化平台为支撑,加快公共数据共享开放

数据支撑和共享开放是推动政府数字化转型稳步运行的关键,也是加快数字政府带动数字经济、数字社会发展的基础。政府部门手里掌握着大量数据,但很多数据"深藏闺中"。各地各部门数据收集、加工、存储、利用的标准不一,缺乏统一管理,很大程度上制约着政府数据开放的范围和水平,此外数据开放有个很重要的前提,那就是绝对要保证安全。如何在确保安全的前提下,尽可

能实现数据的开放和共享,充分释放公共数据资源的经济价值和社会效益亟待深入探索和破题。浙江在数据治理方面已经进行了大量探索和有益尝试,主要有以下经验。

一、促进公共数据互通共享

按照数据共享属性可将数据划分为无条件共享类、受限共享类和非共享类。无条件共享类公共数据可根据公共管理和服务机构需求无条件开通相应访问权限,受限共享类及非共享类公共数据利用脱敏技术处理后可向公共管理和服务机构开放。

省级公共数据共享系统为全省数据接口共享的总枢纽,主要包含全省数据归集、平台开发、运营维护、接口管理,以及各省级部门和各设区市共享子系统的接口申请、注册、使用、监督和审查。市级公共数据共享子系统主要依托省级公共数据平台,按照全省统一规范,参照省级数据共享系统整体功能架构,通过接口共享、批量共享等方式,为市域范围内各级应用提供数据共享支持,主要包含全市各单位的接口注册、使用、审批和管理,并将市级公共数据共享子系统的应用情况、接口情况和接口调用日志上报至省数据共享系统。

为实现批量数据的共享,通过数据沙箱"可用不可见"的模式,建立大数据处理分析系统,为各地各部门构建数据分析模型、实现大数据分析提供重要支撑。系统采用分级租户的模式开通省级部门租户和市级租户。租户内部数据开发、运维和生产由省级部门和地方统一管理负责,通过项目空间申请、批量数据申请、个性化数据按需导入和批量数据导出实现数据分析落地,数据安全使用受系统管理方的监管。

在具体的操作层面,为保证省市两级公共数据平台之间的目录通和数据通,市级部门按照个性化数据目录归集市域层面数据资源,并归集至市级平台,省级平台根据归集工单要求,通过省数据交换系统开展归集实施,两级平台数据均可通过数据高铁实时共享。针对新增交换业务接入,各设区市提交申请并在省级平台数据交换实施系统填报接入业务相关信息,经省大数据局审核完成后进行交换配置实施,并根据实际情况将相关信息反馈给申请方。针对新增前置节点接入,各设区市提交前置节点申请并在省级平台数据交换实施系统中填写相关节点资源信息,省大数据局审核完成后进行交换节点配置并组织节点切换。各省级部门可通过前置节点实现本部门公共数据全量归集及各类政务服务数据交换。各设区市结合实际情况对数据清洗规则进行不断优化和改良,降低问题数据误判率,及时将经过治理的数据推送至省大数据局。

二、深入推进公共数据开放

浙江是数字经济大省,也是数字化转型先发之地,数字经济和数字社会的发展对公共数据开放提出了更为迫切的需求,这也倒逼公共数据必须加快开放。2021年1月,复旦大学和国家信息中心数字中国研究院联合发布了2020下半年"中国开放数林指数"和《2020下半年中国地方政府数据开放报告》,浙江蝉联省级综合指数排行榜第一和数据层单项第一,首次获得准备度单项第一,表明浙江在推动数据开放的创新探索与实践方面持续走在全国前列。交出如此漂亮的成绩单,与浙江多年来在数据开放领域的前瞻布局与积极探索密不可分。2020年浙江省委省政府提出,浙江要在公共数据开放和应用创新上取得重大突破,为治理体系和治理能力现代化提供重要支撑。围绕这一目标,浙江大力推进数据开放工作,建设完善全省数据开放平台和开放网站,推动已归集数据实现"应开放、尽开放"。

为了实现数据开放有法可依,在 2020 年 6 月,浙江颁布了《浙江省公共数据开放与安全管理暂行办法》,以政府规章的形式明确了公共数据"应开放、尽开放"的原则,提出了数据分类分级开放的要求,形成了数据授权开放、脱敏处理的机制。为强化技术支撑,推动数据安全融合,浙江在公共数据平台上开发了"数据开放域系统",让数据以"可用不可见"的方式实现安全开放、融合应用,从技术上确保数据开放的安全。截至 2020 年底,全省已开放 9956 个数据集(含 API 接口)和 20.9 亿条数据。

推动数据开放的关键是要在全省建立一个公共数据平台开放域系统,通过建立分行业、分场景的受限数据开放域,推动公共数据与社会数据之间的创新应用。系统主要包含身份认证授权中心和数据沙箱两大核心功能,其中身份认证授权中心要求在确保个人、企业数据安全前提下,实现个人、企业数据授权同意后开放;数据沙箱可以实现公共数据脱敏后在"可用不可见"环境下与社会数据融合,根据业务逻辑开发应用模型,基于模型可将计算结果经授权后对外提供服务。

各设区市应按照"统一架构、分级管理、协同运维"原则,基于浙江省公共数据平台开放域系统,结合各设区市实际建设情况,建立市级平台开放分域系统,并利用市级平台的数据归集、数据清洗等功能,为各设区市管理个性化开放数据提供应用支撑,实现与省公共数据平台开放域系统的互联互通。各设区市应结合市级公共数据目录编制工作,基于省公共数据开放目录,增加本市特色开放数据,汇总形成市级数据开放目录,优先开放与民生密切相关的、社会迫切需求的,以及经济增值潜力显著的公共数据。

　　浙江还通过举办数据开放创新大赛等方式,进一步扩大数据开放。2020 年 5 月,首届浙江数据开放创新应用大赛启动。这是浙江省依托公共数据平台和开放数据,打造面向政府、企业、高校、科研院所和其他社会创新群体利用公共数据的一个众创平台,也是加快数字政府、数字经济、数字社会融合发展的一项重要举措。2020 浙江数据开放创新应用大赛以"开放数据力·提升数治力·畅享数生活"为主题,旨在打造一场释放数据新动能、激活数据新活力、开启数字新文明的全国性专业性创新应用大赛。数据开放创新应用大赛将优先开放百姓欢迎、社会迫切需要的五大领域数据:一是普惠金融领域,重点是小微企业贷款难问题、个人企业金融画像、防范 P2P 金融风险等。二是交通出行领域,重点是缓解停车难问题、提升导航路线规划准确性、提高公众出行满意度等。三是社会服务领域,重点是社会救助、精准扶贫、家政服务、空巢老人生活安全等。四是市场监管领域,重点是食品药品安全监管、提高市场透明度等。五是医疗健康领域,重点是疫情数据的应用、医疗报销难报销慢问题、医疗大数据辅助诊断等。大赛吸引了省内近千支代表队,最终评选出的创新应用,不仅可赢得奖金,还将获得持续的公共数据保障,实现应用落地。

三、加强公共数据依法治理

　　浙江省非常重视公共数据的依法治理。2020 年 6 月,出台《浙江省公共数据开放与安全管理暂行办法》,2020 年 12 月,又出台《浙江省数字经济促进条例》,这是全国第一部以促进数字经济发展为主题的地方性法规。这部重要创制性法规的出台,是浙江深入贯彻落实习近平总书记数字中国、网络强国战略思想和党的十九届五中全会精神的重要举措,是再创浙江数字经济发展新优势、推动数字经济成为"重要窗口"重大标志性成果的现实需要,也是将浙江相关实践经验上升为法律制度的客观要求。

《浙江省数字经济促进条例》对数据资源的开放共享提出了明确的规定和要求。如第十九条规定,任何单位和个人收集、存储、使用、加工、传输、提供、公开数据资源,应当遵循合法、正当、必要的原则,遵守网络安全、数据安全、电子商务、个人信息保护等有关法律、法规以及国家标准的强制性要求,不得损害国家利益、社会公共利益或者他人合法权益。第二十二条规定,县级以上人民政府有关部门应当加强对个人信息数据收集、存储、使用、加工、传输、提供、公开等活动的监督管理,依法查处个人信息数据泄露、窃取、篡改、非法使用等危害个人信息数据安全的违法活动。

除了法律法规以外,浙江省还发布了《人口综合库数据规范》《信用信息库数据规范》《可信电子证照管理规范》等一批省级标准,制定了电子证照、电子印章、电子签名、可信身份认证、电子档案等方面的配套政策,为公共数据安全高效使用提供体系化保障。

第四节　以群众获得感为目标,
推动业务流程再造

"让人民有更多的获得感"是习近平总书记在推动全面深化改革和数字化发展中高度强调的理念。2015 年 2 月,习近平总书记在中央全面深化改革领导小组会议上强调,要"推出一批能叫得响、立得住、群众认可的硬招实招,处理好改革'最先一公里'和'最后一公里'的关系,突破'中梗阻',防止不作为,把改革方案的含金

量充分展示出来,让人民群众有更多获得感"①。浙江在推动数字
化发展的探索中,尤其是打造"浙里办"平台的实践,始终将"人民
获得感"作为改革的出发点与落脚点,以人民群众最直接最现实的
利益为目标,以人民群众的真实感受和实际体验为导向,以人民群
众在全过程中的共建共治共享为路径,让数字化发展成果真正被
人民群众想得到、用得上、记得住。

一、以群众利益关切锚定建设目标

在政务体系内部推动数字化转型固然包含建立更整体、高效
行政系统的内在动力,但回应群众呼唤最强烈、诉求最集中的问题
领域,让人民更多分享数字政府建设的改革红利,才是数字化发展
最优先,也是最重要的目标。

推动办事模式从"以部门为中心"向"以人民为中心"转变。在
改革初期,许多部门从部门现有业务范围出发,通过数字手段加以
改进和整合,实现了从线下到线上的升级。但这样的数字化改进
很少触及原有的办事流程与证明材料,许多"堵点"和"死循环"依旧
沉积在办事流程之中。为此,浙江数字政府建设以"一件事"为突破
口,彻底从群众的视角重新审视跨部门、跨领域的办事流程,以整体
智治为理念,重塑省域治理的体制机制、组织架构、方式流程、手段工
具。这种全方位、系统性的集成创新,能够真正大刀阔斧地改革原
有政务服务体系,在数字化发展中贯彻"以人民为中心"的理念。

以人民群众能够真实感受到的改革红利作为评价指标。政府
在数字化发展中承担着举旗定向的角色,但具体往哪里改、改得怎
么样需要由人民来做裁判员。人民群众获得感的核心不是脱离实

---

① 科学统筹突出重点对准焦距　让人民对改革有更多获得感[N]. 人民日报,
2015-02-28(01).

际的口号或者过于抽象的指标,而是能够真实感受到的利益与福祉。浙江在推动"最多跑一次"改革中,以群众到政府办事"最多跑一次",甚至"一次也不跑"作为群众最能够真实感受、评价改革是否有成效的标准,确保了每一位公民都能公平地享受到数字化发展带来的红利。

打通数字时代公众参与意见收集与反馈的多种渠道。在数字政府建设过程中,各级政府高度重视运用互联网、大数据、人工智能等新技术,打造线上线下一体通达的民意收集渠道。在个人层面,持续完善 12345 市长热线、民意直通车、民主恳谈会等制度化民意反馈渠道,让城乡居民在生产生活中遭遇的烦心事、揪心事能够通过便捷渠道得到反映,并且通过责任落实、效果反馈等机制设置,让群众反映的问题能够尽快得到解决。在群体层面,利用大数据文本挖掘、自然语义分析、机器学习等方式实时关注网络舆情,对群体意见相对集中,以及社会有风险增大趋势的治理领域进行预测预警。

在浙江数字政府建设实践中,许多富有创意的思路源于基层一线办事人员"以百姓心为心"的换位思考。许多经办人员将长期为群众、企业办理事务的经验,以及各群体在具体业务中遭遇的困难与不便汇集起来,设身处地地为群众着想,想方设法地在数字化发展中寻找增加群众利益、解决群众困难的路径。

二、以群众感受体验优化建设方案

随着政府数字化转型的持续深化,各级政府更加重视助推数字政务服务从"能用"到"好用""爱用"的发展阶段转变,形成更有品质的数字化项目。数字化发展带来多方面影响,不仅体现在数字化政务服务的开发建设层面,更体现在运营优化层面。更加重视用户的体验感,是让群众在数字化发展中更有获得感的重要"催化剂"与"加速器"。

借鉴被群众广泛接受的电商平台模式不断优化服务。在政府数字化转型前期,各地方线上政务服务平台建设总体上呈现"重硬件,轻软件""重开发,轻体验""重建设,轻运维"的状态,导致各类服务应用更新慢、维护差、评价低、互动少,难以形成稳定的"用户黏性"。而"浙里办"在设计之初就高度重视用户政务服务体验的提升,许多地方参照该思路模式,提出建设"政务淘宝""政务超市"等衍生创新。在数字化转型过程中,电商平台无疑是公众最为熟悉、也最为接受的线上服务模式。模仿电商平台的运营模式,不仅能够降低公众使用线上政务服务的学习成本,也能够促使政务服务持续优化用户体验,进而将人工智能、区块链等最新技术的引进运用于服务之中。

为在线政务服务注入"产品运营"理念改进评价体系。"产品运营"的核心在于,通过线上线下的事件运营、活动运营和数据运营,不断提升政务服务品质,增加覆盖人群,进而在公众中建立自身的品牌形象。"浙里办"率先引进了政务服务星级评价体系,让每一项政务服务的群众评价可以清楚量化地展现在决策者和执行者眼前,更有利于监督线上政务服务效能,明确进一步改进方向。同时,平台还开发了用户积分体系,让公民在使用线上政务服务时,与用户个人信息绑定,清晰展现其平台使用的成长轨迹,进一步鼓励其更多使用平台各项应用,参与信息反馈,逐步积累政务服务平台的用户认同感与获得感。

以公众熟悉的语言和知识设计政务服务系统。不同于商业平台线上应用可以以一部分人群作为服务对象,政务服务线上应用必须充分考虑不同人群的知识结构与语言习惯,尽最大努力让更多群众能够会用、爱用这些服务。"浙里办"在平台设计与应用开发中重视用更清晰明确的界面设计和操作功能,通过直白的语言引导,帮助群众找到操作路径。正如许多地方政府尝试邀请不同行业、不同年龄的城乡居民担任线下政务服务体验官,也可以邀请更多群众担任线上政务服务体验官。以用户体验反馈促成线上政务应用的持续迭代优化机制,让线上政务服务更好学、易用。

三、以群众积极参与深化建设路径

数字鸿沟不仅出现在个体媒介素养的差异上,也会出现在普通大众与专业机构之间。政务服务本身具有其现代行政体系的专业特征,人民群众通常不能完全理解和掌握政务服务相关的知识。随着政府数字化转型不断深化,公众对于政务服务的疏离感可能进一步强化,成为完全脱离普通公民参与和监督的"黑箱"。强调人民群众在政务服务数字化转型中共建共治共享的积极作用,既是突出人民的主体地位,也是以数字化赋能群众更好地承担建议和监督责任,提升数字政府建设的可及性与获得感。

以公众知情权保障数字政府建设过程中个人信息安全。当前,公民个人隐私数据保护问题愈发受到各方重视。在各个政务服务应用场景中,包括人脸识别等个人数据能够得到适当、安全地使用,受到越来越多群众的关切。浙江在推进政府数字化转型过程中,高度关注个人信息保护和数据安全的重要性,一方面切实加强"四横四纵"架构中网络安全体系的制度和标准,让公民隐私数据在公共数据平台中合理合规地被使用;另一方面在政务服务应用端中细化用户知情同意协议,结合情境原则将公民个人数据的采集与应用置于公众监督之下。

吸引更多群众参与数字政府建设的意见征询、过程评估和政策评估。在线下的听证会以外,为公众开放意见反馈渠道,更广泛地听取群众意见。通过公开透明的方式,将数字政府建设的议题设定、主体选择、决策过程和政策落实的全过程放在人民群众的监督之下,构建"事前—事中—事后"有机统一的问责机制。同时,在各项政务服务应用中增加政务知识科普模块,让群众在使用线上政务平台的过程中,加深对政务应用科学性与必要性的理解。通过多种渠道的公众赋能,最大限度地凝聚共识,营造共建共治共享的氛围,从而让数字政府建设政策持续满足公众的期待。以公众在积极参与数字政府建设过程中的自我实现与自我提升,进一步增强其对数字化发展的获得感。

◆◆ 本章小结

浙江立足于"整体智治"理念,强化数字政府建设顶层规划,开展基层创新试点工作,利用"自上而下"和"自下而上"相结合的方式全面撬动政府业务流程再造、运行管理体制等多方面改革,打造实时、在线、共享、安全和整体协同、运行高效的数字政府。浙江数字政府建设在顶层设计、数据平台、数字赋能、基层创新等方面已经有了长足的进展,"数字红利"不断释放,政府环境以及公共服务水平得到了显著提升,逐渐形成了可推广、可复制的"浙江方案",为全国推进数字化发展提供示范样本。

◆◆ 思考题

1.浙江作为全国最早完成市县乡三级机构改革的省份,如何进一步理顺各部门在政府数字化转型中的主要职责和责任分工?

2.浙江在提升政府机关内部办事效能时搭建了什么样的数字化平台,打破了哪些机关内部办事壁垒?

3.浙江在数据治理方面已经进行了大量探索和有益尝试,在促进公共数据共享层面,将公共数据分成几个类别,分别是哪几个?

4.浙江推动数字政府建设包含建立更整体高效行政系统的内在动力,其更重要的目标是什么?

◆◆ **拓展阅读**

1.鲍静,段国华,张定安,等.数据开放共享与政府管理创新[M].北京:社会科学文献出版社,2020.

2.马颜昕等.数字政府:变革与法治[M].北京:中国人民大学出版社,2021.

3.徐继华,冯启娜,陈贞汝.智慧政府:大数据治国时代的来临[M].北京:中信出版社,2014.

4.郁建兴等."最多跑一次"改革:浙江经验,中国方案[M].北京:中国人民大学出版社,2019.

网信事业发展必须贯彻以人民为中心的发展思想,把增进人民福祉作为信息化发展的出发点和落脚点,让人民群众在信息化发展中有更多获得感、幸福感、安全感。

——摘自习近平总书记《在全国网络安全和信息化工作会议上的讲话(2018 年 4 月 20 日)》[①]

第六章 浙江数字社会建设的演进与成效

◆◆ 本章要点

1. 数字社会是社会事业领域的数字化,以满足群众高品质生活需求和实现社会治理现代化为导向,通过打造一批跨部门多业务协同应用,为人民群众提供全链条、全周期的多样、均等、便捷的社会服务,为社会治理者提供系统、及时、高效的管理支撑,发挥"民生服务+社会治理"双功能作用,让社会变得更公平、更安全、更美好、更有温度。

2. 2003 年开始实施的"数字浙江"战略部署,包含了数字城市建设、农村信息化等与数字社会发展相关的内容,浙江数字社会建设从此开始起步探索。在 2008—2013 年实现了增量提质,广泛应用数字技术提升公共服务水平,同时智慧城市建设兴起热潮。2014—2019 年,浙江制定实施了《深化数字浙江建设总体方

[①] 习近平.在全国网络安全和信息化工作会议上的讲话(2018 年 4 月 20 日)[M]//中共中央党史和文献研究院.习近平关于网络强国论述摘编.北京:中央文献出版社,2021:25.

案》,将数字社会作为与数字经济、数字政府并列的三大板块之一,浙江数字社会发展进入了以数字化助推便民惠民、赋能社会治理现代化的创新突破阶段。2020 年,防控新冠肺炎疫情加速催生数字新共识、形成数字新生活,同时数字化制度建设步伐加快。

3. 浙江数字社会建设实践重点聚焦数字民生服务、新型智慧城市建设、数字乡村建设、未来社区建设等任务,形成了诸如城市大脑、"数字乡村一张图"、萧山亚运未来社区等特色案例,为全国数字社会建设提供浙江方案、浙江样板。

习近平总书记指出:"当今世界,信息技术创新日新月异,数字化、网络化、智能化深入发展,在推动经济社会发展、促进国家治理体系和治理能力现代化、满足人民日益增长的美好生活需要方面发挥着越来越重要的作用。"[①]浙江省自 2003 年起开始探索数字社会建设,把握以人为中心的核心与价值立场,在数字民生服务、新型智慧城市、数字乡村、未来社区等方面持续走在全国前列,为推动全国数字社会建设提供了浙江智慧和经验。

第一节　浙江数字社会建设演进历程

纵观浙江数字社会发展历程,可以划分为起步探索、增量提质、创新突破、全面深化四个阶段。

---

① 习近平. 致首届数字中国建设峰会的贺信(2018 年 4 月 22 日)[N]. 人民日报,2018-04-23(01).

一、起步探索阶段(2003—2007 年)

自 1994 年实现与国际互联网全功能链接以来,中国开始了全面铺设"信息高速公路"的历程,中国科技网、中国公用计算机互联网、中国教育和科研计算机网、中国金桥信息网相继开工建设,信息时代的大门在国人面前悄然开启。从 1997 年开始,中国互联网步入快速发展阶段。2003 年 1 月,时任浙江省委书记习近平在浙江省十届人大一次会议上指出:"数字浙江是全面推进我省国民经济和社会信息化、以信息化带动工业化的基础性工程。"2003 年 7 月,在浙江省委十一届四次全会上,习近平同志系统提出"八八战略",其中就包括数字浙江的建设内容。

2003 年 9 月,浙江省政府出台《数字浙江建设规划纲要(2003—2007 年)》(浙政发〔2003〕28 号)。在社会数字化方面,《纲要》提出了要不断提高国民经济和社会各领域信息化水平,缩小"数字鸿沟",社会公共领域信息化广泛开展,使信息化融入人们日常生活,并大幅度提升城市信息化水平的目标,并将"全面推进数字城市建设,大幅提升城市服务功能""促进农村与农业信息化,有力支持'三农问题'的解决"列入"数字浙江"建设任务。截至 2007 年底,浙江省互联网普及率由 2003 年的 9.29% 提升至 29.27%,为互联网广泛应用于经济发展、民生服务和社会治理奠定了良好基础。

二、增量提质阶段(2008—2013 年)

伴随着互联网的高速增长,浙江省互联网普及率加速提升,2008 年首次突破 40%,2010 年首次突破 50%,2013 年首次突破了 60%,居民生活网络化、数字化水平显著提升。得益于移动互联网的迅速发展,网民每周上网时长大幅增加,网民能够借助移动设备随时随地上网。2013 年,浙江省网民平均每周上网时长为 31.6 小时,相较于全国 22.0% 的增幅高出 12.4 个百分点。从上网途径来看,浙江省网民使用台式电脑、笔记本电脑、手机上网所占比例都明显高于全国平均水平,其中手机是浙江网民上网的第一选择,使用比例高达 84.9%。

随着网络普及,蝶变效应开始显现。一方面,得益于浙江较高的市场化水平,浙江电子商务在全国加速崛起,自 2007 年起,浙江省网络零售均保持了约 90% 的较高增长速度,2013 年实现网络零售总额 3821.3 亿元,同比增长 88.5%,全省电子商务交易额突破 1.6 万亿元,同比增长 60% 以上,居全国首位。网络购物在全省得到了进一步普及,网络消费增长势头强劲,已成为浙江省居民日常消费的重要渠道,支付宝发布的 2013 年全国网络购物县(市)100 强中,浙江占了 36 个;排行前 10 的县(市)中浙江占了 5 席,分别是义乌、乐清、苍南、瑞安和慈溪。浙江省互联网行业发展以电子商务为龙头,网络媒体、网络金融、网络游戏、网络社区、网络视听等互联网新业态新模式涌现,各类贴近生产和生活的信息服务层出不穷,尤其是网络预约诊疗、手机叫车服务、余额宝等各种理财产品兴起,对于促进就业、改善民生等方面起到积极作用。

另一方面,在政府主导下,智慧城市建设兴起热潮,成为引领社会数字化转型的重要途径。2011 年 10 月,浙江省人民政府办公厅印发《关于开展智慧城市建设试点工作的通知》(浙政办发〔2011〕107 号),在全国较早探索推进智慧城市建设。2012 年初,浙江启动首批 12 个智慧城市建设试点项目。截至 2013 年 12 月,浙江省已在全省范围内启动了 20 个智慧城市建设示范试点项目,覆盖了城市公共服务和社会管理主要应用示范领域,为社会治理数字化打开了局面,奠定了良好基础。

三、创新突破阶段(2014—2019 年)

2014 年 11 月,在习近平总书记的亲切关怀下,首届世界互联网大会在嘉兴乌镇召开,互联网大会成为数字浙江开始具备全球影响力的一个重要标志。其后,浙江相继出台《浙江省信息经济发展规划(2014—2020 年)》《浙江省国家信息经济示范区建设实施方案》《浙江省"互联网＋"行动计划》《浙江省促进大数据发展实施计划》等一系列文件,提出建设"云上浙江""数据强省",为浙江数字社会建设提供了有力支撑。

2018 年初,浙江制定出台《深化数字浙江建设总体方案》,将数字社会作为与数字经济、数字政府并列的三大板块之一,提出要深化"互联网＋公共服务",推动"基层治理四平台"①等社会治理举措建设,构建覆盖全省的民生网、服务网、平安网。截至 2019 年底,浙江省网民规模达到 4729.8 万人,互联网普及率为 80.9％,网民规模和互联网普及率均高于全国平均水平。通过数字化转型,浙江广泛应用大数据、云计算、物联网和人工智能等技术,加快推进智慧交通和智慧环保发展,不断推进基层治理现代化。同时,以数字化助推信息便民惠民,互联网在扶贫、医疗健康、教育、文化旅游、养老等各领域实现更加深入的应用。其中,在"互联网＋医疗"方面,浙江已有 110 万群众领取电子"健康医保卡",互联网医院平台已有 343 家医院接入,真正实现用一个码解决群众就医"一件事"。

同时,城市大脑等一批具有引领性、标志性的建设成果加速呈现。2016 年 10 月召开的云栖大会,杭州首次提出城市数据大脑的

---

① "基层治理四平台"是指通过整合资源力量,在乡镇(街道)搭建综治工作、市场监管、综合执法、便民服务等四个功能性平台,是功能集成、县乡协同、运行高效的新型基层治理载体。

概念。而后,随着城市数字化的不断推进,城市大脑不断迭变,从原先的"治堵"向"治城"转变,逐步构建了"中枢系统＋平台＋数字驾驶舱＋应用场景"的核心架构,11个大系统、48个应用场景投入使用,基本实现市、区、部门间数据信息互联互通,成为浙江数字社会建设的重要标志性成果。2020年春天,习近平总书记在浙江考察时,专程来到杭州城市大脑运营指挥中心,指出"运用大数据、云计算、区块链、人工智能等前沿技术推动城市管理手段、管理模式、管理理念创新,从数字化到智能化再到智慧化,让城市更聪明一些、更智慧一些"[①],为浙江进一步推进城市治理和数字社会建设指明了方向。

四、全面深化阶段(2020年以来)

2020年是极不平凡的一年,新冠肺炎疫情突如其来,浙江作为数字经济大省,充分利用大数据、人工智能、云计算等数字技术,为统筹抓好疫情防控和经济社会全面发展特别是在疫情监测分析、病毒溯源、防控救治、资源调配等方面发挥了重要支撑作用。一方面,创造了"一图一码一指数"[②]精密智控机制,运用数字技术赋能疫情防控和安全复工,体现了深厚的数字化治理底蕴。另一方面,精准指导生活生产,切实做好民生保供、推动复工复产,紧急启动了数字生活新服务"一期工程",取得积极成效。"宅经济"与"云生活"等消费模式积极拓展,无接触式购物、配送、在线消费等新业态在短期内得以快速发展,线上零售呈现逆势增长。实施"六个网上"即"网上菜场、网上餐厅、网上超市、网上家政、网上市场和网上培训",极大

---

① 习近平.在浙江考察时的讲话(2020年3月29日—4月1日)[M]//中共中央党史和文献研究院.习近平关于网络强国论述摘编.北京:中央文献出版社,2021:143.

② "一图一码一指数"是指五色疫情图、健康码和智控指数(管控指数＋畅通指数)。

便利了人民群众的生活,为疫情防控和市场保供作出了贡献。

　　2020 年,浙江数字化发展的一大关键举措就是制度建设。浙江在全国率先出台了一系列地方性法规制度。其中包括 2020 年 6 月 4 日省人民政府第 44 次常务会议审议通过的《浙江省公共数据开放与安全管理暂行办法》(浙江省人民政府令第 381 号),围绕促进和规范公共数据开放、促进政府数字化转型、推动数字经济和数字社会发展、保障公共数据安全,提出了浙江方案和举措。2020 年 12 月 24 日,经浙江省第十三届人民代表大会常务委员会第二十六次会议通过的《浙江省数字经济促进条例》,是全国第一部以促进数字经济发展为主题的地方创制性法规。《条例》有众多涉及数字社会建设的相关规定,主要包括:一是规定政府及有关部门应当按照整体智治要求推进政务服务、政府办公全流程网上办理、掌上(移动端)办理,并规定行政执法掌上办理等政府数字化转型的具体手段;二是要求加强"城市大脑"和智慧城市建设,促进现代信息技术在乡村治理中的应用;三是明确加强数字教育、智慧医疗健康、智慧养老体系建设的基本路径和目标;四是要求加强综治工作平台等"基层治理四平台"建设运营,并明确未来社区示范建设的基本要求;五是关注解决老年人数字鸿沟问题,要求按照优化传统服务与创新数字服务并行的原则保障老年人等群体基本服务需求,改善服务体验。

第二节　数字民生服务

　　习近平总书记强调,"坚持以人为本、执政为民,最终要落实在一件一件的实事之中。这些实事,既体现于推动经济社会发展和惠及全社会的'大事',也体现在与老百姓日常生活息息相关的家门口的'小事'"①。

民生服务是指通过政府权力介入或公共资源投入,满足人民群众生存和发展等需求的服务,具体包括基础教育、医疗卫生、社会保障、公共安全、环境保护、基础设施等。民生服务供给能力和水平是衡量国家和政府治理能力和绩效的重要标准②。21世纪以来,基本公共服务已经从总量供不应求转向总体平衡,结构性、区域性矛盾更加突出的新阶段③。党的十九大报告指出:"必须多谋民生之利、多解民生之忧,在发展中补齐民生短板、促进社会公平正义,在幼有所育、学有所教、劳有所得、病有所医、老有所养、住有所居、弱有所扶上不断取得新进展,深入开展脱贫攻坚,保证全体人民在共建共享发展中有更多获得感,不断促进人的全面发展、全体人民共同富裕。"④

一、浙江数字民生服务发展历程

在改革开放初期的一段时间里,浙江地方政府扮演了"经济型政府"的角色,一切工作都围绕经济转,经济发展成为优先于其他一切领域的事情。到了20世纪90年代后期,随着浙江经济进入后工业时代,人民已不仅仅局限于物质生活上的满足,开始要求有品质、有尊严的生活。围绕这一诉求,浙江省委省政府开始把改善

---

① 习近平.为民办实事成于实务(二〇〇七年一月七日)[M]//之江新语.杭州:浙江人民出版社,2013:247.

② 汪锦军,易龙飞.品质民生:浙江民生服务的创新与发展[M].杭州:浙江工商大学出版社,2020:225.

③ 孙晓莉,宋雄伟,雷强.改革开放40年来我国基本公共服务发展研究[J].理论探索,2018(05):5-14.

④ 习近平.决胜全面建成小康社会 夺取新时代中国特色社会主义伟大胜利——在中国共产党第十九次全国代表大会上的报告[N].人民日报,2017-10-28(01-05).

和保障民生放在各项工作的优先位置。

2005 年 7 月,浙江省委十一届八次全会作出加快建设文化大省的部署,提出了增强先进文化凝聚力、解放和发展文化生产力、提高社会公共服务能力,实施文明素质工程等"八项工程",加快建设教育强省、科技强省、卫生强省、体育强省的目标要求。

2008 年,浙江省委十二届三次会议提出《中共浙江省委关于全面改善民生,促进社会和谐的决定》,强调把改善和保障民生放在各项工作的优先位置,制定了浙江教育、就业、收入、社保、医疗、文化、环境、社会稳定等 8 个方面改善民生的工作重点和目标,逐步形成覆盖城乡、惠及全省人民的基本服务公共体系。

2009 年,浙江政府工作报告进一步提出全面实施"创业富民、创新强省"总战略,扎实推进"全面小康六大行动计划",着力保增长、抓转型、重民生、促稳定,努力推动经济社会又好又快发展。

2011 年 1 月,浙江政府工作报告提出抓统筹、惠民生、保稳定,统筹城乡发展、区域发展、经济社会发展、人与自然和谐发展,增强综合竞争力、可持续发展能力和抗风险能力,为"十二五"时期经济社会又好又快发展打好基础。

2016 年,浙江省人民政府印发了《浙江省"互联网＋"行动计划》,强调促进"互联网＋"益民服务创新发展。通过实施《行动计划》,交通、健康、教育、文化等民生服务领域基本实现信息化管理和网络化运行。全省统一的交通物联网管理平台基本建成,实现省内人口信息、电子健康档案和电子病历三大数据库全覆盖并动态更新,各县(市、区)的居家养老服务信息系统基本建立。

2019 年 6 月,《浙江省"城市大脑"建设应用行动方案》出台,按照"一市一脑"的建设要求,截至 2020 年底,温州、台州的城市大脑上线使用,宁波、衢州、湖州的城市大脑进入迭代升级阶段,丽水、嘉兴、绍兴、舟山等地正加快建设进度。各地聚焦民生热点和市域治理难点堵点,运用数字技术谋划建设跨区域、跨部门的场景,积极开展多业务协同应用创新。

2020 年 2 月,浙江启动"数字生活新服务"工程,推进网上菜场、网上餐厅、网上超市、网上家政、网上市场和网上培训"六个网上"。6 月,出台《关于实施数字生活新服务行动的意见》,深化细化推进生活性服务业数字化,构建现代消费体系。

二、数字民生服务的主要举措

民生服务数字化是数字社会建设的基础,关键是以"满足人民全生命周期公共服务需求"为出发点,持续迭代提升"婴育、教育、就业、居住、文化、体育、旅游、医疗、养老、救助、交通、生活"等社会事业各领域的数字化能力,更好实现"幼有所育、学有所教、劳有所得、住有所居、文有所化、体有所健、游有所乐、病有所医、老有所养、弱有所扶、行有所畅、事有所便"等 12 个"有"的数字化服务。

幼有所育:建设托育服务数字化平台,着力推进出生"一件事"场景,打造以助产机构多证联办、行政服务中心多证联办为代表联办模式,推进预防接种、出生医学证明、落户和参保登记等跨部门多证联办。

学有所教:建设"学在浙江"全民数字学习平台,以之江汇教育广场、浙江学习网等为基础,构建支撑大规模个性化教学的互联网学校,衔接未来社区智慧服务体系,打造一体化数字学习空间,实现校内校外、线上线下学习资源集成共享。建立政府引导、社会参与的数字学习资源运营机制,鼓励各类教育机构提供面向行业的优质继续教育服务。完善学分银行,建立学习、社会实践成果认定、积累、转化通道。

劳有所得:提升数字就业、人才服务和智慧技能平台,建设数字就业平台,建设"浙就业"公共服务模块,完善就业服务场景,推动就业政策"应享尽享"。充分发挥"大数据+网格化"精准优势,精细管理、快速帮扶,提升就业服务质量。迭代人才服务平台,加强服务事项和服务资源归集。完善线上+线下职业技能培训和技能人才评价体系,提升技能数据归集、分析决策和技能人才激励服务功能,形成技能人才一体化的服务平台。

住有所居:建设城镇住宅小区数字化安全监管平台,对接城镇房屋网格化巡查功能,落实房屋安全长效管理机制;完善城镇住宅房屋分类监督管理机制,提升房屋使用安全管理水平,进一步保障居住安全;加强物业服务数字化管理,进一步提升居住品质和服务水平。

文有所化:提升文化领域公共服务平台,推进云上图书馆、云上文博、云上展览、云上音乐厅等数字化文化服务,持续推出"浙里观影""浙里有戏""浙里好玩""浙里悦读"等。聚焦四条诗路、大运河国家文化公园建设,建立场景化数字文化体验园。建设以影视内容交易体系为支撑的开放性公共服务平台,积极探索影视文化出口向数字化贸易转变的新路径。

体有所健:健全公共体育"一站式"服务平台,全面优化全民健身地图,推进公共体育场馆服务数字化,迭代升级科学健身指导系统,努力实现群众获取体育公共资源"不用跑一次"。着力推进赛事、运动员教练员职业生涯管理"一件事"场景落地,实现体育赛事申办、注册、报名、成绩查询、运动员等级审批等"一件事"网上办理。

游有所乐:提升"e游浙江"文旅公共服务系统,依托"浙里好玩"内容进行功能升级,以城市大脑为基础,整合全省重点公共文化数据及横向部门数据,用数字化技术全面提升以文促旅、以旅彰义的水平,建设全国领先的文旅公共服务系统。

病有所医:提升"互联网＋医疗健康"公共服务平台和智慧医保平台,构建全省数字健康平台框架,完善省市县三级全民健康信息平台。聚合形成统一的掌上卫生健康服务,整合拓展浙江互联网医院、浙江健康导航和全省检查检验共享等系统服务,建设基于地市地理位置的面向全体居民的全人全程的卫生健康服务。立足医共体资源统筹、管理评价、服务评价等需求,基于区域平台功能,建设通用版的数字医共体系统。

老有所养:提升"浙里养"智慧养老服务平台,打造面向个人、市场主体、养老从业人员和政务人员的综合性养老平台,以"养老云"数据库和"万家通"物联网为基础,消除政府、社会、市场之间数据壁垒、物联障碍,形成应对人口老龄化全貌数据,链接整合智慧养老设备终端,以数字手段夯实家庭养老功能。

弱有所扶:提升大救助信息系统和"数字残联"平台,持续推进大救助信息系统迭代升级,着力推进困难群众救助"一件事"改革,实现困难群众社会救助、特殊群体救助、公用事业民生补贴等14项民生补贴事项"一件事"一站式线上集成办理;以残疾人全周期服务"一件事"为牵引,实现残疾人证办理、残疾人康复、教育、就业培训、社会保障、托养、家庭无障碍改造等相关业务一站式网上办理、个性化精准帮扶。

行有所畅:提升公众出行服务数字化系统,深化"浙里畅行"出行服务应用,协同社会信息资源,整合汇聚公交、地铁、出租车、网约车、水上巴士、长途班车、旅游包车等多种交通出行方式,提供多样化出行信息服务,优化路况查询、收费站开关闭、交通设施查询、监控视频查看等功能,接入地方特色出行应用,打造城市出行"一张图",形成功能齐全、体系成熟的交通出行信息服务通道,着力提升公众智慧出行服务体验。

事有所便:提升生活服务数字化系统,大力推进交通设施、文化场馆、城乡公共厕所等公共场所数字化转型升级,构建群众爱用的全省各领域公共场所"一张图""一张网",加强公共场所智慧化场景开发应用。建设浙家政综合服务平台,全省推广使用浙家政"安心码",做到持码上岗亮码服务,为居民生活提供安全、便利的家政服务。

三、数字民生服务取得的成效

(一)实现民生事项"一证通办"

"一证通办"等改革措施成为数字民生服务的全新名片。"一证通办"改革是指以数据共享精简办事材料,简化办事流程,公民身份证件作为唯一标志,依托大数据、云计算技术,实现涉及政务服务事项的证件数据相关证明信息等跨部门、跨行业互认共享。"一证通办"改革的实施,不仅给群众带来了便利和获得感,更是撬动了各社会事业领域全面深化改革。

浙里办正式上线"公安专区",打造全天候的"掌上派出所",包含户籍、出入境、车驾管、监管、网安等五大类 144 项的公安政务服务将实现"一证通办",群众只要凭一张有效身份证件即可办理。其中 73 项可以"零跑腿",群众通过手机、电脑就能全流程办结;71

项"跑一次",群众在手机、电脑上完成申请,再到现场完成核验、确认,就能办好。

如"一证通办"的"期满换驾驶证"业务,过去需要体检、拍照、取号、受理、缴费、制证等 6 个环节,排 6 次队,花半天时间才能办结,现在通过"浙里办"在线申请,无须跑腿,无须提交其他材料,只需 20 秒即可手机一键办成。

(二)实现跨部门"多事联办"

跨部门"多事联办"是指集成个人出生、入学、退休、殡葬,企业开办、投资、获得信贷等 41 个多部门联办"一件事",实现网上办、掌上办。

以出生"一件事"为例,2019 年,浙江省委改革办、浙江省卫生健康委、浙江省公安厅、浙江省医保局和浙江省大数据局联合制定并印发了《浙江省推进出生"一件事""最多跑一次"改革实施方案》,推动出生"一件事"一站式联办、一体化服务。出生"一件事"一站式联办,指的是在全省各级设有产科的医院出生且符合省内落户、参保登记等政策的新生儿,均可在医院或行政服务中心一次性办理预防接种、出生医学证明、落户、参保登记、社保卡申领等出生事项。目前,出生"一件事"已推出 2.0 版并上线"浙里办",通过线上联办,卫生健康部门的"出生证明"、公安部门的"户口登记"、医保部门的"医保参保"、人力社保部门的"社保申领"实行跨部门联办后,群众需提供的材料从十几份精简到 1 份,办理时间从十余天压缩到几小时。

(三)创建"无证明城市"

浙江探索"无证明城市创建"改革,以"最多跑一次"改革和数字化转型为契机全面清理各类证明材料,最大限度地为群众和企业提供便利。以义乌市为例,义乌开展了"横向到边、纵向到底"的拉网式梳理,横向涵盖政府机关、公共民生服务机构和金融机构(银行、保险),纵向细分至市级机关、镇街和村(社区)3个层级。在进行了充分的风险评估后,实行6个"一律取消",如凡是没有法律法规明确规定的证明材料,一律取消。义乌的创新举措大大提高了群众获得感,减轻了基层压力,也体验了政府善治的人文关怀和提升了政府的治理水平。

(四)打造"移动办事之城"

2014年以来,浙江不断深化全省统一架构、五级联动的浙江政务服务网建设,形成了全省事项清单统一发布、网上服务一站汇聚、数据资源集中共享的"互联网＋政务服务"体系。如今,"浙里办"已推出数字社会专区、公安专区、医疗保障专区、互联网医院、电子票据查验、"一证通办"等一批便民利企服务,上线电子驾驶证行驶证、电子婚姻登记证、电子健康医保卡等60余张"网证"。

例如杭州市"移动办事之城"主要依靠"杭州办事服务"App和"杭州办事服务"综合自助机两种载体来实现。一方面,"杭州办事服务"App于2018年5月上线试运行,主要服务内容以政务服务和便民服务为主,已实现认证、预约、咨询、查询、受理、支付、办结、评价等办事服务功能,线上App与线下办事大厅的部分业务融合。"杭州办事服务"App内可以实现300多项政务服务、便民服务随时办理,包括流动人口居住登记、住房公积金个人账户信息查询等超高频率事项。另一方面,在综合自助机建设方面,杭州积极打造"15分钟办事圈",70％以上公民个人办事事项实现就近可办、全时段可办,使政务服务突破了办公时间、办事空间的限制,极大地提升了老百姓的办事服务体验。

第三节　新型智慧城市建设

习近平总书记高度重视新型城市化工作,在浙江工作期间深入全省各地调研考察,反复强调城市化是实现现代化的应有之义,为浙江推进新型城市化理清思路、指明方向、擘画蓝图。2006 年 8 月 8 日,时任浙江省委书记习近平主持召开全省城市工作会议,在全国首开先河提出"新型城市化"重大命题,要求走资源节约、环境友好、经济高效、社会和谐、大中小城市和小城镇协调发展、城乡互促共进的新型城市化道路。

党的十八大以来,习近平总书记多次强调,要推进智慧城市建设。2016 年 4 月 19 日,习近平总书记在全国网信工作座谈会上提出了"新型智慧城市"的概念。2016 年 10 月 9 日和 2017 年 12 月 8 日,习近平总书记在两次主持中央政治局集体学习时都讲到了"智慧城市"。2018 年 10 月 31 日,习近平总书记在主持十九届中央政治局第九次集体学习时明确强调,要"推进智慧城市建设"。2020 年 3 月 31 日,习近平总书记赴浙江考察时指出,通过大数据、云计算、人工智能等手段推进城市治理现代化,让城市更聪明一些、更智慧一些。

一、浙江智慧城市建设历程

浙江智慧城市建设经历了由点到面、由浅入深的过程,可以分为省级试点、地市全面推进、城市大脑建设三个阶段。

省级试点阶段。浙江是全国较早探索智慧城市建设的省份,2011 年印发《浙江省人民政府办公厅关于开展智慧城市建设试点工作的通知》(浙政办发〔2011〕107 号)。2012 年开始,在医疗健康、城市管理、交通出行、能源管理、环境保护等老百姓最关注的民生领域,先后分三批组织推出了 20 个智慧城市建设示范试点项目。如杭州"智慧安监""智慧城管"、宁波"智慧物流""智慧健康"、嘉兴"智慧电网""智慧交通"、绍兴"智慧安居"、台州"智慧水务"、丽水"智慧政务"、温州"智慧旅游"、舟山"智慧民生"、衢州"智慧环保"、省交通厅"千岛湖智慧港航"、省交投集团"智慧高速公路"等。示范试点项目取得了较为明显的引领效应。

地市全面推进阶段。随着数字化在经济发展、社会治理、城市建设中的作用日益凸显,各地对新型智慧城市建设的必要性和重要性的认识不断提升,纷纷出台相关规划和政策文件等。2015 年,嘉兴市被国家网信办确定为首批全国新型智慧城市标杆市,率先开启了地市探索新型智慧城市建设的道路;2016 年,温州市成为推进国家新型智慧城市建设试点;宁波市先后荣获中国智慧城市"领军城市""示范城市"、中欧绿色智慧城市"卓越奖"等。经过多年实践,浙江新型智慧城市建设经历了由省里试点推动到各地主动建设的转变,新型智慧城市建设项目逐步向区县延伸;通过叠加 5G、大数据、人工智能等新技术发展红利,增进了人民群众对智慧城市更为切实的获得感。

城市大脑建设阶段。目前较为公认的城市大脑概念起源于 2016 年,即阿里巴巴推出 ET 城市大脑[①]。城市大脑建设的最初目标在于"治堵"。2016 年 4 月,杭州市与阿里巴巴合作,以交通治堵为切入口,启动城市大脑建设。2017 年 1 月,杭州市率先成立数据资源管理局;同年 10 月,杭州城市大脑交通系统 1.0 版发布,通过

[①]　陈杨.带火中台的阿里,正携城市大脑席卷全国[EB/OL].(2020-09-09)[2021-01-10].https://www.sohu.com/a/417313742_434604.

实时分析来自交通局、气象局、公交公司、高德等多家部门和机构的交通数据,优化资源配置,提升通行效率。2018 年 9 月,杭州城市大脑 2.0 版正式发布。这一集合大数据、云计算和人工智能等技术的城市管理平台,覆盖了杭州市 420 平方公里的主城区范围,优化信号灯路口 1300 个,覆盖杭州市 1/4 路口,接入视频 4500 路,管辖范围扩大了 28 倍①。

随着城市大脑在交通领域治理优势逐步显现,杭州市进一步思考将城市大脑打造为智慧城市基础设施,探索从"治堵"向"治城"转变。2018 年 5 月,杭州市发展改革委联合杭州市数据资源管理局发布了《杭州市城市数据大脑规划》。同年 10 月,杭州市委召开打造数字经济第一城的动员大会,城市大脑建设步入快车道。同年 12 月,涵盖停车、医疗、文旅、基层治理等 9 大便民措施的城市大脑综合版发布,城市大脑进入 3.0 时代,从单一的交通治堵系统扩展成为服务民生、支撑决策的综合平台②。经过不断迭代,杭州城市大脑 3.0 版强化了感知能力,增加了舒心就医、欢快旅游、便捷泊车、街区治理等便民服务内容③。2020 年初,新冠肺炎疫情袭来,杭州依托城市大脑首创杭州健康码、企业复工复产数字平台、"亲清在线"、读地云等功能,为"战疫情、促发展"提供重要支撑④,体现

---

① 马剑.从"治堵"到"治城" 这座城市拥有了一个升级版"最强大脑"[EB/OL].(2018-12-30)[2021-01-12].http://www.xinhuanet.com/politics/2018/12/30/c_112392-9591.htm.

② 杨洁.从"入局"到"破局"城市大脑能否突破瓶颈加快发展[N].中国建设报,2020-07-27(05).

③ 唐骏垚,沈听雨,黄雪峰,等.杭州城市大脑年中新发布——九大新场景 个个都便民[N].浙江日报,2019-07-11(001).

④ 郎晓波."城市大脑"赋能市域社会治理的杭州实践[N].学习时报,2020-11-09(08).

了城市大脑在"数字治疫"等应急管理和风险治理方面的巨大潜力。

◆◆【案例 6-1】

杭州城市大脑

为了实现技术赋能社会治理,杭州城市大脑基础设施建设从打造数据归集平台入手,对建设过程中可能涉及的各部门、各要素进行统筹规划和不断优化,逐步形成具有一定智能治理能力的中枢架构和组织架构。

杭州市依托"城市大脑"建设,按照"全归集、全打通、全共享"原则,以"一件事"标准推进数据归集,全力打造"移动办事之城",持续拓展接入事项、提升功能体验、强化数字化应用。到 2019 年底,60%以上政务服务事项"移动可办",70%以上政务服务事项全流程"一网通办",90%以上公民个人事项"一证通办","杭州办事服务"App 累计实现 300 个事项应用,综合自助机累计实现 256 个事项应用①。

杭州市在深化城市大脑建设的过程中,提出了"中枢架构"概念。从中枢化理念出发,城市大脑在市域范围内创造了数据交换的"中枢协议",实现城市级跨层级、跨地域、跨系统、跨部门、跨业务的数据协同。

在组织架构层面,城市大脑按照"整体智治"理念,打破传统科层制体系中职能部门职权分割导致的碎片化治理局面,推动整合型政府组织结构的设计。在组织顶层层面,杭州市委市政府在云

---

① 杭州市人民政府.杭州市人民政府关于印发杭州市深化"最多跑一次"改革推进政府数字化转型实施方案的通知[EB/OL].(2019-04-10)[2020-1-10].http://www.hangzhou.gov.cn/art/2019/4/10/art_1256295_33177013.html.

栖小镇成立了运营指挥中心,下设城市大脑建设工作领导小组及工作专班机制。领导小组由市委书记任组长,各地各部门主要领导为成员,下设办公室,由市数据资源管理局负责日常办公。在执行层面,工作专班则由11个市级部门专班、17个区县专班和1个综合协调专班组成。杭州城市大脑按照"党委领导、政府主导、社会协同"的组织架构,实现业务从分散走向集中、空间从分割走向整体,最终实现治理从破碎走向整合,成为数字化赋能城市治理的重要支撑。

案例简析 >>>

杭州"城市大脑"的建设,给予不同层级、不同领域的城市事务一个强有力的推手,将城市凝成一个整体。同时通过数据与技术赋能城市,借助整体性的架构为城市治理者提供科学的决策依据,为大众提供更好的服务。一是突出系统设计,构建了数据、中台、场景等一体化的解决方案;二是突出了场景应用导向,聚焦停车、旅游、住宿等高频率、高权重领域,为老百姓提供看得见、摸得着、可体验的高品质生活服务;三是突出整体谋划和高效协同,注重发挥政府、社会、企业整体合力,协同推动数字化高效赋能城市治理。

二、浙江智慧城市建设的主要举措

坚持问题导向,以解决迫切民生难题为切入口。浙江建设的20个智慧城市示范试点项目的布局,以便民高效为导向,从出行难、看病难、污染重、安全保障差等民生保障难点入手,着力解决居民生活痛点,在提升居民生活智慧化体验的同时,根据市场反应来扩大示范试点项目的消费市场,促进项目建设单位快速成长,增强建设单位的工作动力。

坚持多方参与,建立体系化建设推进机制。在智慧城市示范试点项目推进中,注重在组织架构、政策措施、资金扶持和宣传推广等多方面统筹推进。例如:构建完备的项目建设推进组织保障体系,采用"3＋X"指导推进模式,其中"3"是指工信部、国家标准委和浙江省政府,"X"是指具体项目涉及的业务单位;出台了《关于务实推进智慧城市建设示范试点工作的指导意见》《浙江省智慧城市建设示范试点项目管理办法》等多个文件,对应用推广、标准定位、产业拉动、环境保障等方面提出了明确要求;支持了一批专业机构和培训基地等。

坚持模式创新,确保智慧城市建设可持续发展。坚持以一个实施主体推进智慧城市试点建设,按照"谁投资谁受益,谁使用谁付费"原则,根据各类建设项目的实际情况,实施主体可以采取不同的投融资模式和建设运营模式,如政府财政投入、政府财政补助、政府资本注入、政府贷款贴息、政府购买服务、企业投资建设和运营、政府投资企业运营等。实施主体落户在示范试点城市,具体负责项目的实施和运营,参与制定标准,创新商业模式,并逐步探索成为试点领域的龙头企业,在技术、商业、实践经验、标准等方面处于国内领先水平;同时,建设一支成熟的服务队伍,建立较为完善的产业链,逐渐培养具备为省内、国内其他地区提供相应服务的能力,最终达成智慧城市建设可持续发展的目的。

坚持制度创新,健全智慧城市建设保障体系。针对各个示范试点项目,均成立由省级业务主管部门牵头、关联部门参加的指导组,承担试点方案咨询和指导工作,对试点项目实施进行督促检查、绩效评估和总结,负责争取国家有关部委支持及跨部门试点项目所涉及的部门间协调工作。同时,成立由国内高层专家、学者及各试点项目的行业专家组成的专家顾问委员会,承担试点项目的方案论证、技术指导、完善提升、成果验收等工作。浙江还创新实施示范试点项目的民生惠及度激励机制,建立第三方评价机制,对于评价好的项目,加大推广力度;对于反映差的项目,适时调整。

三、浙江智慧城市建设的成效

试点建设取得示范效应。全省 20 个示范试点项目建设取得了显著成效,也奠定了全省智慧城市建设从点到面、由浅入深的发展格局。例如:通过实施"智慧健康"试点,基于信息化的个体化医疗和防治结合的新型医疗卫生服务模式得到推广;通过移动终端应用实现政府与公众协同互动的"智慧城管"模式,逐步为全省所接受;"智慧高速"建立起覆盖全省高速路网的集协同管理、公众出行服务于一体的运营管理平台,使得智慧出行深入千家万户;"智慧能源监测"实现全省"万吨千家"重点用能单位能源消费总量在线监测,成为产业互联网的典型应用场景;"智慧环保"实现污染源和环境质量在线自动检测和可视化监控,实现科技赋能守护绿水青山。

城市治理效能显著提升。杭州 2016 年 4 月启动城市大脑,以交通领域为突破口,开启了利用大数据改善城市治理的探索。在城市大脑精准调控下,杭州"数字治堵"成效显著。在百城拥堵指数排名中,杭州从 2015 年的前 3 位,下降到了 2019 年的第 35 位。如今,城市大脑已实现从"治堵"向"治城"实质性跨越,在新冠肺炎疫情防控中更发挥了重要作用。杭州城市大脑包括公共交通、城市治理、卫生健康等 11 个大系统 48 个应用场景,日均协同数据 1.2 亿条。在大数据助力下,城市变得更加"聪明",市民生活也更加美好。

带动相关产业走在全国前列。通过智慧城市示范试点项目建设,带动技术培育、产业发展,这也是智慧城市建设的应有之义。例如:浙江在推进智慧城市示范试点项目建设中,开展了智慧城市领域政府首购云服务试点,7个试点项目签署了购买云服务协议(基于专有云的智慧城市大型平台和应用系统软件),围绕智慧城市大型专用软件、装备电子、云工程和云服务、智慧医疗等重点行业创建34家省级重点企业研究院。通过实施智慧城市相关产业技术创新综合试点,在电子通信设备、医疗设备及仪器仪表、软件等重点行业,推动了一批具有较强竞争力的骨干企业开展优势产品研发。目前,浙江数字安防、云计算、人工智能、智慧健康等产业,以及工业信息工程公司等市场主体,均在全国保持领先优势。

第四节　数字乡村建设

习近平同志在浙江工作期间,高度重视"三农"工作,对从根本上解决城乡二元体制和"三农"问题进行了深入思考和实践探索,作出了一系列关于"三农"工作的重要论述。2003年,习近平同志亲自部署推进"千村示范万村整治"等重大工程;2005年,主持制定《浙江省统筹城乡发展推进城乡一体化纲要》等重要文件;2006年,组织推进"三位一体"合作经济发展等重大改革,直接推动浙江强农惠农富农政策体系和城乡一体化制度框架的形成。

党的十九大报告明确提出实施乡村振兴战略,习近平总书记明确指出,农业农村农民问题是关系国计民生的根本性问题,必须始终把解决好"三农"问题作为全党工作重中之重,把实施乡村振兴战略作为新时代"三农"工作总抓手。2018年中央一号文件首次提出"数字乡村"的概念;2018年1月,中共中央、国务院印发《关于实施乡村振兴战略的意见》,明确提出实施数字乡村战略;2019年5月,中共中央办公厅、国务院办公厅印发《数字乡村发展战略纲要》,提出加强顶层设计和整体规划,加快弥合城乡"数字鸿沟",推动数字乡村建设发展;2020年7月,中央网信办、农业农村部、国家发展改革委、工业和信息化部、科技部、市场监管总局、国务院扶贫办印发《关于开展国家数字乡村试点工作的通知》,部署国家数字乡村试点工作。浙江贯彻落实习近平总书记重要讲话精神和党中央决策部署,大力推进数字乡村建设,以数字化赋能新时代"三农"工作,取得了明显的成效。

一、浙江推进数字乡村建设的举措

浙江的农村信息化起步全国领先,上世纪末就不断把数字基础设施建设引入乡村,一直在探索一条具有地方特色的数字乡村建设路径。

一是健全数字基础设施。党的十八大以来,习近平总书记高度重视补齐农村基础设施短板,提出要建设"四好农村路"。数字化时代,信息网络成为新的基础设施。浙江积极推进电信基础设施全面升级,全省行政村通光纤率和4G覆盖率均超过98%,乡村广播电视网络基本实现全覆盖;乡村智慧物流设施更加完善,对农村地区电商服务支撑能力显著加强;乡村电网、水利、公路等基础设施数字化升级改造不断加快。

二是数字赋能乡村产业。习近平总书记指出,"产业兴旺,是解决农村一切问题的前提"①。在数字乡村建设实践中,浙江创建

---

① 中共中央党史和文献研究院.习近平关于"三农"工作论述摘编[M].北京:中央文献出版社,2019:22.

了 163 个省级数字农业工厂,示范带动全省 1052 个种养基地完成数字化改造,打造了西湖龙井茶叶、浦江葡萄、常山油茶等 50 个全产业链系统应用场景。20 个县启动实施"互联网＋"农产品出村进城工程,其中 6 个被列入国家试点县。一批具有较强竞争力的县级农产品产业化运营主体和农产品品牌逐渐成长起来。6.3 万家农业规模主体纳入农产品质量安全管理;2.4 万家涉农网店活跃在线上。

三是提升乡村数字生活。乡村公共服务的数字化水平不断提升,民政服务信息系统建设全面推进,乡村网络文化管理与创作加速优化,乡村公共数字文化服务提档升级,农耕文化保护与传承活动风靡网络平台,金融支农信息服务取得阶段性成效,公共法律线上服务水平不断提高,传统村落保护实现全景网络漫游,乡村就业、社保、医保服务信息化水平大幅提升,乡村中小学教育信息化水平迈上新台阶。

四是建立信息服务体系。信息进村入户工程全省推进,益农信息社已实现行政村全覆盖,33 万名专兼职网格员奔走在全省 6.1 万个网格中,上报村庄运行信息,为村民提供力所能及的服务。浙江农民在家门口平均可办近百项高频政务服务事项。

五是推进数字乡村治理。党的十九大将"治理有效"作为实施乡村振兴战略的总要求之一,习近平总书记强调,"要夯实乡村治理这个根基"[①]。数字化为乡村治理提供了新手段新途径。浙江正在搭建数字三农协同应用平台和乡村治理数字化平台,未来 5 年内将实现省市县乡村五级全覆盖,平台立足产业数字化、管理高效

---

① 中共中央党史和文献研究院.习近平关于"三农"工作论述摘编[M].北京:中央文献出版社,2019:137.

化、服务在线化、应用便捷化,构建数字乡村业务应用、应用支撑、数据资源和基础设施"四大"体系,着力以数字技术和手段转变乡村治理形态。目前,龙游的"村情通"、萧山瓜沥的"数字家园"、遂昌的未来村庄建设、永嘉的乡村农旅"野趣玩"平台等应用场景不断涌现。乡村生产、生活、生态空间的数字化、网络化、智能化迅速发展,村庄智治拥有了"最强大脑"。

六是推进国家数字乡村试点建设。杭州市临安区、宁波市慈溪市、湖州市德清县、嘉兴市平湖市成功入选国家数字乡村试点地区名单。4 个试点县(市、区)将用 2 年左右时间,围绕国家数字乡村试点县建设要求,因地制宜推进数字乡村建设工作,催生乡村发展内生动力。

二、浙江数字乡村建设的成效

根据农业农村部发布的《2020 全国县域数字农业农村发展水平评价报告》,2019 年浙江省县域数字农业农村发展水平为 68.8%,发展水平排名全国前 500 的县(市、区)中浙江有 80 个。

农村信息基础设施稳步提升。随着 4G 和光纤网络的普及、5G 的加快发展,全省农村信息基础设施建设得到进一步巩固提升。各县域的互联网普及率差异较小,全省总计 90% 的县(市、区)互联网普及率都在 80% 以上,其背后是新基建的加快推进和网络覆盖及保障能力的不断增强。

农业生产数字化提速扩围。全省农业生产信息化水平明显提升,各地数字化应用具有典型的区域产业特点。其中,水产养殖业信息化应用水平相对其他三类最低,但增长速度最为迅猛;畜牧业信息化应用水平最高,说明数字技术在养殖环境监测、动物体征监测等方面应用已较为广泛;种植业和设施栽培数字化应用稳步增长。

农产品电商发展势头强劲。电商服务站已基本覆盖全省所有行政村。截至 2019 年底,淘宝村和淘宝镇数量分别为 1573 个、240 个,位居全国第一。

乡村治理迈向"整体智治"。坚持"整体智治"理念,初步搭建了省级乡村治理数字化平台,集成农村自然资源、生态环境、集体资产、宅基地、村情村貌等数字化模块。推动 4 个市、11 个县(市、区)数字乡村整建制示范建设,引导乡村生产、生活、生态空间数字化、网络化、智能化发展,开启乡村全域数字化治理。

基层信息服务"结网连片"。随着农业农村公共服务信息化水平的提高,"在线服务"在农村落地见效,促成了基层群众办事"最多跑一次"。农村信息服务"结网连片"趋于完善,信息服务向基层延伸,满足了农民群众多样化、个性化的生产与生活需求,成为发展乡村产业和农民增收致富的有力推进器。

【案例 6-2】

数字治理:德清率先探索"数字乡村一张图"乡村智治新模式

德清不断深化数字乡村建设成果,实现"数字乡村一张图",在全国走出了一条数字乡村建设先行先试的特色之路。运用"整体智治"理念,"数字乡村一张图"归集了 58 个部门的 282 类基础数据,实现产业发展和乡村治理可视化、数字化、智能化,目前覆盖德清所有 137 个行政村。2020 年 12 月 1 日起,"数字乡村一张图"建设规范正式实施。

一图赋能,激活乡村发展动力。在德清每个行政村,都能看到电子屏上的"数字乡村一张图",涵盖乡村规划、乡村经营、乡村环境、乡村服务和乡村治理 5 个领域,数字养殖、水域监测、危房监测、智慧气象、医疗健康、智慧养老等 120 余项功能,实时感知整个村庄生产、生活、生态动态详情。一张图归集了资源、天气、出行、垃圾分类、便民服务等 282 类、近 9 亿条基础数据,涵盖农村发展和治理的方方面面。基于"数字乡村一张图",可掌握全县农业种植养殖的大量数据,如水产存塘量、粮食种植规模、安全检测等,可以定期分析研判,得到资源分布、发展趋势等具有参考价值的结论,指导农村发展特色产业,农户合理安排生产,以数字赋能撬动乡村振兴。

一图联动,重塑乡村治理体系。"数字乡村一张图"聚焦乡村治理中的"人、地、物、事"四要素,推动乡村治理流程再造。"一张图"联动了基层治理四平台、智慧交通、污水处理等 15 个系统数据,实现跨区域、跨系统、跨部门、跨层级、跨业务的管理和服务。如基于遥感监测智能比对,可在农村环境整治、建筑物动态变化、水土保持监测等方面实现智能发现、自动派单、联动处置等全流程闭环管理。目前,德清县正探索城乡三维地图建模、人口动态迁移感知系统、乡村治理"多规合一"应用等 20 个重点项目,不断丰富空间数据应用场景。2020 年 12 月起实施建设规范后,"数字乡村一张图"应用体系、原则要求、服务管理、持续改进和评价等方面内容更加标准化,乡村治理也更加直观、精准、智能。

一图共享,拥抱精彩数字生活。德清聚焦村民出生、入学、就业等"一生事",运用"数字乡村一张图"推进网上办理,并组建"掌上办"代办员和志愿者队伍,建立村级代办点,布设政务服务一体机,原本需要到县乡两级办理的交通违法处理、社保信息查询、工商执照申请等业务都可以在村里完成。

案例简析 >>>

　　乡村和社区是数字社会各类服务落地的集成空间。乡村治理一直是"三农"发展中的关键环节,也是长期以来的薄弱环节,德清强化数字化技术和手段在乡村治理中的应用,率先探索"数字乡村一张图"乡村智治新模式,为提升乡村治理能力和治理体系现代化提供了新的可能和新的空间。一是突出乡村治理流程优化,重塑乡村治理各主体关系;二是突出数字赋能,运用空间治理技术,联通物理空间和数字空间;三是共享美好数字生活,推动各类政务服务下层乡村办理。

第五节　未来社区建设

　　未来社区是现代化城市建设的基本单元,是人民对美好生活向往的重要载体,是浙江建设数字社会的核心场景,也是推进城市治理体系和治理能力现代化的一次重要尝试和探索。

一、未来社区的建设背景

(一)从"千万工程"到"未来社区":"以人民为中心"美好生活家园的迭代提升

　　随着经济社会进入新的发展阶段,社会主要矛盾发生了新的变化,人民对美好生活的向往也经历了一个迭代变化、持续推进的过程。浙江高水平建成小康社会后,开启了高水平推进现代化建设、争创社会主义现代化先行省的新征程。现代化本质上是以人为核心的现代化,要推动人的全面发展和社会全面进步。为此,浙江深入谋划构思、不断迭代升级,把未来社区作为以人为核心的城市现代化的基本单元和人民生活幸福美好家园,也是对习近平总书记"人民城市人民建,人民城市为人民"的最好回应。

（二）从"邻里中心"到"未来社区"——"他山之石，可以攻玉"的浙江实践

新加坡"邻里中心"：新加坡"邻里中心"（Neighborhood Center）源于新加坡政府 1965 年推行并长期实施的"组屋"（HDB flats）计划。它摒弃了沿街为市的粗放型商业形态，坚持以本区居民日常生活为中心的理念，全部设施满足人们在住所附近寻求生活、文化交流的需要，构成了一套强大的家庭住宅延伸体系，可以被认为是"未来社区"最早的探索雏形。

日本丰田"编织之城"：日本丰田"编织之城"充分体现了智能化、绿色化、人本化理念。项目是以人工智能和分级交通为主导的"未来原型城市"，着力将太阳能、地热能和氢燃料电池技术加以综合利用，努力构建一个碳中和的社会。建成后，预计容纳 2000 人居住，并提供未来自动驾驶车辆、服务机器人和智能家居等体验。

欧洲 BLOCK 街区：BLOCK 街区设计理念可以拆分为 5 个单词，即 B—Business（商业）、L—Lie Fallow（休闲）、O—Open（开放）、C—Crowd（人群）、K—Kind（亲和），是将街区与国际化、居住、休闲、娱乐、商务等组合在一起，规划创造的一种新型居住模式。区别于通常意义的"小区""社区"，国际 BLOCK 街区体现的是新型居住模式，它本身向城市空间开放，具备一定的规模，能聚集一定数量的人口，又有亲切和谐的邻里关系。它既是具备商业特征的商居城，又是配套设施应有尽有的生活城，最大限度地使住宅居住功能便捷化。

（三）从"智慧城市"到"未来社区"——探索城市精细化治理的基本单元

社区是城市最基本的功能单元，如何让社区变得更聪明、更智慧,关乎让城市更聪明一些、更智慧一些的基础。相比于特色小镇,"未来社区"是城市治理单元的进一步精细化,既是智慧城市的细胞,也是智慧城市的缩影,更是探索城市精细化治理的最佳试点。

(四)从"老旧小区改造"到"未来社区"——打好高质量发展组合拳的重要一招

推进城镇老旧小区改造是重大民生工程和发展工程,对于改善民生、拉动投资、带动产业转型和城市有机更新等方面,都具有重要意义。据统计,浙江全省现存 20 世纪 70—90 年代老旧小区建筑面积约 2.5 亿平方米,如果 60% 按未来社区模式改造,按改造前平均容积率折算,占地面积大约为 1.25 亿平方米(即 18.8 万亩[①])。按照 300 亩一个实施单元计算,项目总数将超过 600 个;按照首批 24 个试点的平均投资强度 1700 万元/亩计算,平均每个项目投资 51 亿元,总投资将超过 3 万亿元。同时,这一举措还将促进数字智能、节能环保、绿色建筑等前沿技术大规模落地应用,促进服务业的新业态新模式大量涌现,带动相关产业大发展大提升。

二、未来社区的内涵特征

未来社区建设没有先例可循,"建什么、怎么建、怎么支持"都需要在探索中明确、在试点中成形。首先回答的是"建什么"的问题。

从内涵特征看,未来社区是以满足人民美好生活向往为中心,聚焦人本化、生态化、数字化三维价值,突出高品质生活主轴,有归属感、舒适感、未来感的新型城市功能单元。它是未来邻里、教育、

---

① 1 亩＝666.67 平方米。

健康、创业、建筑、交通、低碳、服务、治理等九大场景创新有机统一的新人居空间,要打造成为绿色低碳循环的"生命有机体"、宜居宜业宜游的"生活共同体"、和谐智慧人文的"社会综合体"。与传统社区相比,具有六个方面的内涵特征。

美好生活是目标追求。未来社区建设的根本原则是"以人为本",更加注重满足人对美好生活的需要。以功能复合的邻里中心为依托,构建 24 小时全生活链功能体系,有机叠加教育、健康、商业、文化、体育等高品质公共服务,并合理配建老年公寓、婴幼儿托育中心,为"一老一幼"提供友好生活环境。

美丽宜居是环境底色。未来社区更加注重社区优美环境打造,充分运用新材料新技术,减少建设过程和建筑本身的环境污染。合理优化社区空间规划,打造多样化、个性化的立体绿化空间,建设成网成环的慢跑绿道,演绎绿意盎然的生态交响曲,让居民能够遥望星空、看见绿意、闻到花香。

智慧互联是基本特征。未来社区更加注重数字技术在社区建设运营中的应用,对标日本 5.0 超智能社会,利用互联网、物联网、大数据、云计算、人工智能等先进技术为社区赋能。依托智慧社区服务平台,打造现实与数字"孪生"社区,以新技术新业态新模式提升社区服务的精准化、精细化水平。

绿色低碳是核心理念。未来社区更加注重低碳生活方式和生产方式,强化 TOD(公共交通导向开发)布局理念,提升绿色低碳出行比例。应用"光伏建筑一体化＋储能"的供电系统、"热泵＋储冷储热"的集中供冷(热)系统,降低社区能耗水平。严格实行垃圾分类,促进生活垃圾源头减量,创建无废社区。

创新创业是时代风尚。未来社区更加注重大众创业、万众创新,建立一批低成本、泛在化、开放式的社区众创空间,为人才提供优质的创新创业环境,演绎浙江版的"硅谷车库创业文化"。依托社区智慧平台,激发共享经济潜能,促进社区资源、技能、知识全面共享,让供给和需求零距离对接。

和睦共治是治理方式。未来社区更加注重多元主体共同参与,鼓励发挥社区议事会、社区客厅等自治载体和空间作用,强化社区自治功能,由居民协商管理社区事务。优化提升"基层治理四平台",实现基层事务统筹管理、流程再造、智能服务,有效推进社区治理体系和治理能力现代化。

三、未来社区的建设路径

未来社区建设经历了前期研究、试点探索、完善配套等历程。

(一)工作路径:以点扩面

2019 年 3 月,《浙江省未来社区建设试点工作方案》印发实施,标志着未来社区创建工作进入实质性阶段。根据方案,未来社区建设围绕"三年成品牌"总要求,整体遵循以点扩面、迭代创新的路径。

1.0 阶段(试点启动):已经选定的首批 24 个省级试点,要努力做到"干一个、成一个",打造成为全省未来社区的示范样板。未来社区试点分改造更新、规划新建两大类型,且明确以改造更新类为主,首批 24 个试点中有 21 个均为老旧小区改造项目,这也正是未来社区人本化价值导向的鲜明体现。规划新建类则要严格落实房地产调控要求,按照"系统设计、去房地产化"的原则进行,推进房地产开发模式从"造房子"向"造社区、造生活"转型,以未来社区建设引领房地产业转型提升。

2.0 阶段(增点扩面):到 2021 年底,培育省级试点 80 个左右,以创建制加快推进,建立未来社区建设运营的标准体系,形成可复制、可推广的经验做法,涌现一批未来社区典型案例。

3.0阶段(全面推广):2022年开始,全面复制推广,裂变效应显现,改善大民生、拉动大投资、发展大产业、驱动大创新的红利持续释放。

(二)重点场景:三化九场景

未来社区建设,就是以人民美好生活向往为中心,以和睦共治、绿色集约、智慧共享为内涵特征,同步推进现实和数字"孪生"社区建设,打造未来邻里、教育、健康、创业、建筑、交通、低碳、服务和治理等九大场景。

邻里场景:营造交往、交融、交心人文氛围,构建"远亲不如近邻"的未来邻里场景。重点包括营造特色邻里文化、构建邻里贡献积分机制、打造邻里互助生活共同体等。

教育场景:服务社区全人群教育需求,构建"终身学习"未来教育场景。重点包括推进3岁以下托育全覆盖和幼小提升扩容,搭建"人人为师"共享学习机制等。

健康场景:瞄准全人群与全生命周期,构建"全民康养"未来健康场景。重点实现基本健康服务全覆盖、居家养老助残全覆盖,以及建立"名医名院"零距离服务机制等。

创业场景:顺应未来生活与工作融合新趋势,构建"大众创新"未来创业场景。重点包括搭建社区双创空间,激发共享经济潜能,搭建特色人才落户机制等。

建筑场景:创新空间集约利用和功能集成,打造"艺术与风貌交融"未来建筑场景。重点包括推广集约高效 TOD(公共交通导向开发)布局模式,打造绿色宜居宜业空间,搭建数字化规划建设管理平台等。

交通场景:瞄准差异化、多样化、全过程出行需求,构建"5、10、30 分钟出行圈"未来交通场景,即"车"实现"5 分钟"取停车,"人"实现"10 分钟"到达对外交通站点,"物"实现"30 分钟"配送入户。

低碳场景:聚焦多能集成、节约高效、供需协同、互利共赢的要求,构建"循环无废"未来低碳场景。重点包括打造多能协同低碳能源体系,构建分类分级资源循环利用系统,创新互利共赢模式等。

服务场景:围绕社区居民 24 小时生活服务需求,创新服务模式和供给,打造"优质生活零距离"未来服务场景。重点包括推广"平台＋管家"物业服务模式,建立便民惠民社区商业服务圈,建设无盲区安全防护网等。

治理场景:依托网格化管理和数字社区精益管理平台建设,构建党建引领的"政府导治、居民自治、平台数治"未来治理场景。重点包括构建党组织统一领导的基层治理体系,采用居民志愿参与的自治方式,搭建数字化精益管理平台等。

(三)推进方式:"四个轮子一起转"①

未来社区建设是深化市场化改革的生动实践,既要"有效的市场",也要"有为的政府"。要坚持有为政府和有效市场并重,央企投资、国资、民资、外资共同参与、共同推进规划建设。

从"有效市场"看,一是要充分发挥未来社区产业联盟的作用,做强做优产业链,整合提升供应链,使相关企业以一个整体投入建设运营。二是要充分发挥央企名企和浙江优质企业的优势互补作

———

① "四个轮子"是指央企投资、国资、民资、外资。

用,促进资源协同、技术协同、人才协同,在前沿技术攻关、关联产业发展等方面打造央地之间务实合作的样板示范。三是探索带方案土地出让方式,优先采取"全过程咨询＋工程总承包"模式,引入总承包商、全过程咨询师、综合服务运营商等新兴主体,实现建设运营全过程有序可控。

从"有为政府"看,政府重点应发挥引导作用,主要体现在规划引导、标准引导、评价引导上,要统筹做好顶层设计,建立健全未来社区项目储备库,抓紧出台未来社区创建导则和工作指南,以政府有为确保市场有效、企业有利、百姓受益。

四、未来社区的建设成效

坚持抓纲带目,顶层机制建立健全。一是建设规划加快形成。各地结合国土空间规划修编,组织编制未来社区建设"十四五"规划,制订三年行动计划,建立试点项目储备库。二是试点项目全面铺开。在首批试点 24 个未来社区的基础上,第二批 36 个试点新增全域类和乡村类两个类型,其中改造更新类试点创建项目 31个,规划新建类试点创建项目 3 个,乡村类试点创建项目 1 个,全域类试点创建项目 1 个。三是创建路径不断清晰。通过首批试点创新实践,形成了一套试点筛选、征地拆迁、方案编制、土地出让、监督管理的行之有效做法。

坚持体系推进,"四个体系"有序建立。一是建立"139"指标体系。围绕未来社区"139"顶层设计,量化制定未来社区建设 33 项指标,积极开展韧性社区、公交 TOD、数字服务等新领域研究。二是确立"一专班两平台"工作体系,24 个省级部门联合组成全省未来社区建设工作专班,成立未来社区发展研究中心和产业联盟两大支撑平台,"创新链、产业链、供应链"三链整合步伐不断加速,创新与产业生态逐步成型。三是"1＋1＋N"政策保障体系不断完善,省政府出台试点工作方案和高质量加快推进试点建设工作意见,省级有关部门相继出台公共文化空间、试点管理、财政金融支持、全过程咨询等相关配套政策,各地也纷纷出台贯彻实施意见。

坚持鼓励创新,探索形成"最佳实践"。各地在未来社区试点过程中形成了一批特点鲜明的生动案例。例如:留住记忆文化传承,把城市肌理、历史文脉与试点创建有机融合,形成了主题鲜明、辨识度高的试点成果,既留得住过去又看得见未来;聚焦当下路径突破,积极探索投融资、政策挖潜、公众参与等体制机制创新。面向未来创新实践,积极开展公交 TOD 综合开发、空中花园阳台、数字平台赋能、装配式绿色建造、超低能耗建筑等实践探索,积累了一批创新技术集成应用示范成果等。

坚持政策激励,支撑保障能力增强。一是加强要素保障能力。坚持问题导向,针对试点建设资金、规划指标、土地出让等现实问题,出台财政资金、空间、用地等方面系列支持政策,精准释放红利。二是加大优惠政策供给。坚持目标导向,围绕让居民"搬得进、住得起、过得好",制定公共空间、立体绿化、社区配套面积等方面的优惠政策,确保试点高性价比落地。三是创新激励政策供给。坚持结果导向,试点建设实行"严格管理、严格认定、严格兑现"的政策期权激励机制。

坚持数字引领,建设数字社会基本单元。数字社会和未来社区结合,对社区居民切身需求,通过一体化智能化公共数据平台、城市大脑提供普惠性公共服务所需数据信息,"1＋N"未来社区智慧服务平台提供个性化生活服务所需数据信息,两者在社区空间内打通运用,推动九大场景落地,在社区空间尺度范围内落地数字社会,把未来社区打造成为数字社会核心应用场景,使未来社区建设成为建设数字社会的基本单元。

◆◆【案例6-3】

湖州市长兴未来社区:"健康大脑＋智慧医疗"多跨场景落地

作为全省整合提升创建的未来社区试点之一,长兴齐北社区依托全省健康大脑,基于湖州市卫健委老年人"两慢病"数字健康服务模式,突出制度重塑、强化流程再造,打造出社区全过程、全领域大健康应用场景落地。

齐北社区健康场景建设思路以卫健慢病管理系统为底座,以社区智慧平台为连接工具,以社区卫生服务站为基点,横向前连接健康检测、运动指导、膳食建议、疾病预防,横向后连接疾病分级治疗、病后康养、痊愈保养的大健康闭环场景,打通文体、卫健、民政、医保等专业部门的业务孤岛,再以大健康场景与创业场景、治理场景的互联互通,进一步实现各大场景多跨改革。

落地健康场景线上与线下的融合。健康智慧屋启用,云药房、云诊室启用,结合两慢病管理系统,为社区居民提供智慧协同、持续完善的健康管理服务。

落地健康场景与文化场景的融合应用。依托"掌心长兴"社区智慧服务平台的居民入口端,社区居民已经可通过服务端查询社区提供的心理专家名单和可预约的时间,通过线上办理预约流程,平台自动派单至相关专家进行心理援助。

落地健康场景与创业场景的融合利用。依托社区智慧平台,建立各创业企业的标准数据库,根据纳税情况和员工社保信息,试行发放了第一期健康积分礼包,创业企业的员工可以用个人账户的健康积分礼包在附近的运动场所获得免费体质检测、运动消费抵扣,获得了较好的社会反响。

案例简析 >>>

湖州市长兴社区一体化推动数字社会和未来社区融合发展。聚焦医疗健康公共服务,充分运用省健康大脑各类资源,结合未来社区线下空间,通过数字赋能,打造卫生健康站创新载体,打破优质医疗服务受时空距离的限制,为全省乃至全国社区医疗服务提供了可借鉴、可复制的样本,助力健康中国建设。一是打造"健康大脑+社区医疗"重大场景应用模式;二是突出"线上服务+线下服务"相融合服务模式;三是创新了"健康+文化+创新"跨部门、跨业务、跨层级"多跨"协同服务模式。

◆◆ 本章小结

浙江作为中国改革开放的先发地之一,是中国数字化发展的前沿阵地,也是在社会领域率先利用数字化、网络化、智能化手段推进社会全面发展的先行者。历经多年的努力,浙江在数字社会建设中着重推动智慧城市、数字乡村、未来社区、数字民生和信用建设等关键领域的实践创新,打造出一批数字社会建设的亮点,成为中国数字社会建设的排头兵。

◆◆ 思考题

1. 什么是数字社会?

2. 浙江在推进数字社会建设进程中,有哪些先进的理念值得借鉴? 数字社会建设如何引领撬动社会事业领域改革?

3. 在推进数字社会建设进程中,应如何高质量地结合"数字乡村"和"未来社区"的发展?

◆◆ **拓展阅读**

1.何显明,何建华.信用浙江——构建区域发展新秩序[M].杭州:浙江人民出版社,2006.

2.金江军.智慧城市:大数据、互联网时代的城市治理[M].4版.北京:电子工业出版社,2017.

3.汪锦军,易龙飞.品质民生:浙江民生服务的创新与发展[M].杭州:浙江工商大学出版社,2020.

要打破"信息孤岛"、破除数据壁垒,加强数据有序共享,加快智慧社会、新型智慧城市建设,推进政务数据、行业数据、社会数据、企业数据等汇聚融合、合理利用,建立健全国家数据资源体系,增强宏观调控、市场监管、社会治理、公共服务的精准性和有效性。

——摘自习近平总书记《在全国网络安全和信息化工作会议上的讲话(2018 年 4 月 20 日)》①

第七章　浙江数字社会建设的特色与经验

◆◆ 本章要点

1. 浙江在数字社会建设中坚持理念为先、制度为基、高效协同,把握数字社会以人民为中心的核心价值,以"一件事"改革迭代拓展为牵引,应用现代数字技术打造一个整体性系统,大幅提升公共服务规范化水平。

2. 浙江坚持集成创新、部门协同,以跨部门多业务协同应用场景为核心,持续推进幼有所育、学有所教、劳有所得、住有所居、文有所化、体有所健、游有所乐、病有所医、老有所养、弱有所扶、行有所畅、事有所便,努力实现人的全生命周期公共服务优质共享。

3. 浙江把信用体系建设作为数字社会的基石。全面建构了信用浙江"531X 工程"的顶层设计,形成社会信用体系的"四梁八柱",

---

① 习近平.在全国网络安全和信息化工作会议上的讲话(2018 年 4 月 20 日)[M]//中共中央党史和文献研究院.习近平关于网络强国论述摘编.北京:中央文献出版社,2021:138.

建成全省一体化公共信用信息平台,推进"信用＋"十大联动场景应用落地。

浙江数字社会建设始终坚持以人民为中心,以"一体化、现代化、高质量"为标准,以社会信用体系为基石,围绕社会事业领域,通过横向协同、纵向联动,谋划惠及民生的多跨应用场景落地未来社区和数字乡村,为全国数字社会建设提供浙江方案。

第一节　数字社会建设的制度重塑

浙江建设数字社会,是立足未来社区、数字乡村,有力支撑全生命周期公共服务跨部门协同,更好满足群众对高层次、多样化、均等化公共服务需求,建设场景化、人本化、绿色化、智能化的美好家园。

一、制度为基,推动社会事业改革创新可持续发展

2018 年,《深化数字浙江建设实施方案》正式印发,提出"聚焦政府、经济和社会三大数字化转型领域,系统布局深化数字浙江建设",其中强调"全面构建以人为本、智慧安全的数字社会",要求"以满足人民日益增长的美好生活需要为出发点,以深入推动智慧城市建设为契机,极大提升城市、教育、医疗、交通等十大社会服务场景的普惠化、精准化和线上线下融合水平",鲜明体现了自觉践行以人民为中心的发展思想。

2020 年,浙江省委十四届八次全会审议通过《关于制定浙江省国民经济和社会发展第十四个五年规划和 2035 年远景目标的建议》,明确了当前必须抓紧抓牢抓实具有牵动性、创新性、突破性的"十三项战略抓手",其中之一即"以数字化改革撬动各领域各方面

改革"。在 2021 年春节以后的第一个工作日,浙江省委召开全省数字化改革大会,全面部署以数字化改革撬动各领域各方面改革。其中数字社会综合应用,以"城市大脑＋未来社区"为核心业务场景,着重围绕解决城市治理、百姓生活中的突出问题,打通城市大脑和未来社区,进行精准分析、整体研判、智慧决策、协同指挥,推动社会可持续发展。

从广义来说,数字社会是继农业社会、工业社会之后以数字技术为基础的全新的经济社会发展形态,它不仅带来了新技术、新理念、新观念、新模式,而且对社会生产、人民生活、经济形态、国家治理、国际关系等方面均产生重要而深远的影响,已全面融入了经济、政治、文化、社会、生态文明建设全过程。

从狭义来说,数字社会是社会事业领域的数字化发展,它的边界限定为 12 个"有"的社会事业领域,通过智慧服务平台将社会事业领域跨部门多业务协同应用落地到未来社区、乡村服务等社会空间,为社会空间所有人提供全链条、全周期的多样、均等、便捷的社会服务,为社会治理者提供系统、及时、高效的管理支撑,为企业等第三方机构提供能开放、可赋能的数据、应用和模块,让社会变得更公平、更安全、更美好、更和谐、更有温度。

数字社会系统建设,归根结底就是要实现好、维护好、发展好人民群众的根本利益,努力追求满足人民对美好生活新期待的高线,牢牢守住各项民生基本需求底线,坚决不碰损害人民利益的红线。

2018 年,浙江省政府办公厅印发《浙江省数字化转型标准化建设方案(2018—2020 年)》,明确要求"支撑社会数字化转型,全力打造智慧浙江",并提出了推动公共服务智能化、推动社会治理集成化、推动公众消费数字化等重点任务。

二、高效协同,推动社会事业领域高效运转

浙江的数字社会系统并非各部门碎片化的建设,而是强调借助现代数字技术打造一个整体性系统,它以人民对美好生活的向往为出发点,涉及对部门权责、部门与乡镇(街道)之间的权责、政府与社区及社会组织之间的权责等的归类与整合,对政府的组织结构、组织方式与运行机制进行调整与流程再造。

坚持省市联动,省级统抓顶层设计、标准规范、资源整合,确定数字社会建设责任主体,分领域细化推进需求梳理、场景设计、系统建设和服务供给,形成各地各部门高效协同、百花齐放的发展格局。鼓励基层探索创新,逐步建立健全基层数字社会建设"最佳实践"激励创新机制。

坚持省级部门协同,着力对数字社会建设各有关部门整体进行数字赋能等变革,实现职责分工有序、整体运转高效,提升工作效率。坚持在数字社会建设已有基础上进行迭代升级,主要体现为"两个不打破""两个打破",即不打破原有各行业主管部门条线抓数字化转型的工作状态,不打破原有政府数字化转型牵头部门已做的工作,而是打破数据分散、业务割裂的孤立系统,打破老百姓碎片化的感受。同时,通过部门协同、数据共享,推动数字社会系统的各类重点多跨应用场景开发上线。

坚持"一体化、现代化、高质量"的要求,坚持"顶层设计和基层创新相结合"的方法,起步阶段坚持"防止新瓶装旧酒、避免低水平重复建设"的原则,围绕12个"有"的社会事业领域,不断推进数字健康新服务、学在浙江、浙里养、浙里救、浙里畅行、浙里好玩、安心码、志愿浙江等省级多跨应用场景落地。

第二节　多跨应用场景打造

浙江坚持集成创新、部门协同、场景为核,在部门核心业务数字赋能的基础上,持续推动社会服务集成创新、倒逼业务流程再造、促进系统迭代提升、拓展社会服务应用、检验社会领域数字变革效果,以跨部门多业务协同应用场景为核心,做到幼有所育、学有所教、劳有所得、住有所居、文有所化、体有所健、游有所乐、病有所医、老有所养、弱有所扶、行有所畅、事有所便,实现全生命周期公共服务跨部门协同,全面撬动社会事业领域改革。

一、全面提升 12 个"有"的社会事业领域数字化能力

浙江以不断满足人民群众对美好生活的需要为导向,以"城市大脑＋未来社区＋乡村服务"为核心场景[①],通过跨部门的数据共享、流程再造和业务协同,布局数字社会各类综合场景,牵引业务场景设计和优化,推动数字社会各领域业务流程再造和综合集成,系统提升社会服务效能,描述数字社会全景图。总体思路为:运用大数据、云计算、区块链、人工智能等技术,基于全省电子政务"一朵云"基础设施和各地中枢支撑平台,充分利用各设区市建设的城市大脑,联通集成跨部门多业务协同场景,逐步推动 12 个"有"的社会事业领域提质增效,在城市大脑、未来社区、乡村服务等应用场景中集成落地(即"2＋12"的总体架构),拓展和满足群众更高层次、更多样化、更均等化的需求,提升人民群众的获得感、幸福感、安全感,数字孪生社会初步构建。

以构建全省 9 类公共场所"一张图""一张网"为重点,着力破

---

① 林崇责,邱靓.利民为本精准智服　共建共享美好数字社会[J].浙江经济,2021 (03):29-31.

解一批普遍性的服务痛点难点,持续推动公共场所服务大提升。围绕 12 个"有"的社会事业领域,创造性探索"一件事"多跨应用场景,推进公共服务供给创新,完善优质公共服务资源统筹共享机制,大力推动基本公共服务均等化。

设计精准化的数字社会服务入口,基于数字社会使用对象,设计分服务端和治理端入口。一方面,依托"浙里办"为城市空间所有人提供服务入口,并运用微信、支付宝等渠道优势,按照"多端发布"的思路,提供便捷、多样入口;另一方面,依托"浙政钉"为政府部门和社会治理者提供权威、统一入口。以数字赋能和制度重塑,推动跨业务流程再造、跨部门业务协同、跨行业数据共享,按照统一部署和标准规范建设,迭代提升 12 个"有"的社会事业领域的数字化能力,集成上线"浙里办"数字社会专区。

二、全面拓展数字社会多跨应用场景落地途径

在未来社区方面,浙江以满足社区居民数字社会美好生活需求为牵引,持续迭代提升未来社区智慧服务应用,集成社会事业 12 个领域公共服务,率先提供数字生活、数字教育、数字交通、数字旅游、数字养老、数字健康等新服务多跨应用场景,落地"未来邻里、教育、健康、创业、建筑、交通、低碳、服务、治理"九大场景,创新有机统一的新人居空间,形成数字社会城市基本功能单元系统。同时,激发一批多跨应用场景爆发式增长。

在乡村服务方面,推广应用"浙农码",创新"跟着节气游乡村"等场景应用,打造一批可复制、可推广的数字乡村振兴应用场景典范。充分运用数字技术手段,加快数字就业、数字文化、数字救助、数字养老、数字旅游、数字交通等服务直达乡村,迭代升级"礼堂家"农村文化礼堂多跨应用场景,促进城乡融合发展。

◆◆【案例 7-1】

"病有所医"：打造资源互通的"医共体"模式

浙江瞄准"以通为本、以用为本、以人为本"三大主攻方向，积极推动卫生健康领域数字化转型助力高质量发展，"互联网＋医疗健康"服务已纳入省政府数字化转型"8＋13"重大示范项目。浙江已成为全国首批"互联网＋医疗健康"建设示范省之一。

放眼浙江，"互联网＋"正让老百姓求医问药越来越方便。浙江大学医学院附属邵逸夫医院"智慧药师"服务平台的上线，实现了慢病患者、离院患者用药的科学化、个性化管理。该平台涵盖用药提醒、用药打卡、语音播报、用药咨询、处方查询、药品说明书查询等六大功能，利用"互联网＋医疗健康"的便利，及时关联来院患者的处方信息，并自动计算处方中的用药频次和周期，向离院的患者发起用药提醒。

数据的互联互通，逐一打破信息孤岛，让全周期生命健康服务体系更为完善。在浙江，设有产科的医院和行政服务中心均已开设"新生儿出生事项联办窗口"。新手妈妈只要在"出生'一件事'办理登记表"上填写"出生情况、户口申报、医保参保、社保卡申领、申请人员"等主要信息，便能轻松为新生儿一次性办理预防接种、出生医学证明、落户、参保登记、社保卡申领等出生事项，免去了过去至少要提交 6 份申请表、10 余次证件的烦恼。

基层是医药卫生体制改革的突破口。近年来，得益于浙江"双下沉、两提升"①工作和县域医共体建设的不断推进，"互联网＋医

---

① "双下沉"指城市医院下沉和医学人才下沉；"两提升"指提升基层医疗卫生服务能力和群众就医满意度。

疗健康"的红利也不断逐级下沉。如绍兴市人民医院高新区分院，医生只需打开双向转诊平台使用"预约—门诊转诊申请"，就能为基层患者预约绍兴市人民医院的专家。为了推进医疗卫生服务领域改革，上级医院50％的号源可以在网络提前10天预约①。

案例简析 >>>

浙江的"互联网＋医疗健康"，有利于促进优质医疗资源有效流动，利用基于"互联网＋"的医疗服务新模式，形成集医疗服务、科研教学、健康产业为一体的区域大健康示范中心。一定程度上，也带动提升全省及周边地区医疗服务能力。一是数据互联互通，推动医疗健康"一件事"集成服务；二是服务下层基层，让优质医疗服务惠及全体老百姓；三是突出继承创新，充分应用已有继承持续迭代升级。

三、全面升级"城市大脑"社会领域应用能力

在5G、大数据、人工智能、区块链和新基建等一轮轮科技浪潮的推动下，"城市大脑"成为城市建设和城市治理现代化的新热点。

2019年6月4日，浙江省数字经济发展领导小组办公室、省经信厅、省大数据发展管理局联合印发了《浙江省"城市大脑"建设应用行动方案》，方案指出，城市大脑以基于云计算、大数据、物联网、人工智能、5G等新一代信息技术的创新应用为引领，促进技术创新、治理创新、服务创新、应用创新和产业发展，打造新型智慧城市，助推数字政府、数字经济、数字社会发展。城市大脑里包含健康、文旅、未来社区等与数字社会相关的数据、模块和应用。

城市大脑健康应用：整合吸收、迁移升级了原有智慧健康建设

---

① 陈宁.快速发展科技赋能，守护百姓健康[N].浙江日报，2020-11-22(001).

成果,改造提升区域全民健康信息平台,加快健康系统特色应用,推动区域医疗健康数据整合和共享,加快推进居民电子健康档案、医保、医药、卫生等相关领域数据的融合应用,开展智能医疗综合诊断和个性化医疗服务,构建全面健康应用,推动居家养老助残全覆盖。推广人工智能技术及智能医疗设备在医药监管、流行病监测防控、健康管理、体质监测、疾病筛查中的应用,提升公共卫生智能化服务水平。加强"城市大脑"健康系统与各级诊疗、急救平台的联通,形成指挥灵敏、反应迅速、运行高效、衔接有序的院前急救和院内急诊服务救治体系。

城市大脑文旅应用:整合吸收、迁移升级了原有智慧旅游建设成果,加强涉及旅游的多部门信息归集共享,推动食、住、行、游、购、娱等旅游相关数据的综合集成,建设文旅系统特色应用,整合接入全省文化和旅游信息服务平台。结合人流、车流、消费等多方面的数据,基于历史数据的挖掘和实时数据分析,动态掌握全域旅游的即时状态,并提供预测预警。加强与交通系统、城管系统和平安系统等实时交互,强化对人流走向、停留时间、旅游目的、酒店宿客等内容分析,利用AR(增强现实)、VR(虚拟现实)等技术开发建设虚拟旅游,全面提升文旅行业智慧管理、智慧服务、智慧营销、智慧体验水平。通过城市旅游舆情分析,实现旅游事件类型识别、舆情区域识别、情感分析、媒体分析、疑似风险事件等内容的全网全渠道监测。

城市大脑未来社区应用:围绕便捷、高效、安全的社区全生活链服务需求,推进数字未来社区建设,促进社区服务一体化、社区管理智能化、社区生活人本化,构建丰富多彩的为民服务社区应用场景。以未来邻里、教育、健康、创业、建筑、交通、能源、物业和治埋为重点,综合运用数字化技术,打造数据驱动的社区服务和管理体系,加快推进数字化未来社区示范试点建设。依托城市大脑,打通涉民社区服务系统和数据,鼓励将健康、教育、安防、政务等社会公共服务设施和服务资源汇聚并引入社区、接入家庭,为社区居民提供多场景、一站式综合服务。

目前,浙江省发展改革委会同省委宣传部、省卫健委等相关部门正在谋划升级"文化大脑""健康大脑"等应用模块,构建更加智能化的城市大脑(与数字社会相关的数据、模块及应用),以应用场景为牵引,以一体化智能化公共数据平台为基础,完善提升各设区市城市大脑支撑能力,充分运用大数据、人工智能等技术,实现全量、全时、全域感知。

第三节　社会信用体系建设

《论语》有云"人无信不立"。信用是市场经济的基石,在社会活动中具有极其重要的作用。党和国家历来重视社会信用体系建设。习近平总书记多次强调社会信用体系建设的重要性,为信用体系建设谋定了战略方向。2016 年 12 月 9 日,习近平总书记在十八届中共中央政治局第三十七次集体学习时的讲话中明确指出:"对突出的诚信缺失问题,既要抓紧建立覆盖全社会的征信系统,又要完善守法诚信褒奖机制和违法失信惩戒机制,使人不敢失信、不能失信。对见利忘义、制假售假的违法行为,要加大执法力度,让败德违法者受到惩治、付出代价。"[①]浙江是信用体系建设的先发

---

① 周楠. 习近平主持中共中央政治局第三十七次集体学习[EB/OL]. (2016-12-10)[2021-12-10]. www.gov.cn/xinwen/2016-12/10/content_5146257.htm.

地区,历届省委省政府一以贯之、持之以恒纵深推进信用体系建设,持续擦亮信用浙江这张金名片,努力实现信用建设和政府治理、经济治理、生态治理、文化治理、社会治理的深度融合,为社会治理体系和治理能力现代化提供强有力的信用支撑。

一、全方位推进"531X 工程"建设

信用浙江建设是"八八战略"的重要内容,在浙江历届省委省政府的共同努力下,信用浙江建设不断推向纵深。2016 年以来,浙江省信用建设进入了厚积薄发的"引爆"阶段,省委省政府把信用浙江作为高标准全面深化市场化改革的重点工程和数字社会建设的基石。全面建构了信用浙江"531X 工程"的顶层设计,推动社会信用体系的"四梁八柱"加快形成,信用浙江建设进入体系化、标准化、数字化、法治化的新阶段,取得了明显成效。

(一)五类主体基本实现全覆盖

以企业为突破口,逐步归集企业、自然人、社会组织、事业单位和政府机构等五类主体相关信息,分类构建评价模型,全面开展公共信用评价,建立信用档案,目前基本实现浙江五类主体信用档案的"全覆盖、无死角"。

(二)三大体系加快健全

三大体系是指信用指标体系、信用监管体系和信用平台评价体系。一是公共信用指标体系标准化程度不断提高,全省法人和其他组织、个体工商户的统一社会信用代码,已实现百分之百赋码。二是信用综合监管责任体系业务协同能力不断增强。三是公共信用评价及信用联合奖惩体系运行基础进一步夯实。

（三）一体化公共信用平台全国领先

依托浙江省电子政务"一朵云"资源和公共数据共享平台，在省政府数字化转型"四横三纵"①框架内，构建全省统一公共信用库和业务协同模型，建成全省一体化公共信用信息平台。公共信用信息库和业务协同、数据共享、信用产品、信用工具等核心模块初步建成，查询功能在"浙里办""浙政钉"上线运行。

（四）"X 项协同应用"系统集成和整体推进

以项目监管、审批服务、行政监管、公共服务、公共资源交易、政务事务等行政领域的应用为突破口，推进公共信用信息与政务服务事项深度融合。同时，金融服务、社会民生等领域的多样化应用不断拓展，服务效率不断提升，群众和企业获得感不断增强。将公共信用信息嵌入办事系统中，形成事前提供查询、事中分类监管、事后形成信用记录的全流程闭环监管体系。浙江在全国率先探索"信用＋标准地""信用＋承诺制"，为以信用承诺制为核心的"极简审批"创新，奠定了扎实基础。

二、一体化推进信用系统建设

信用体系建设是一项复杂性、创新性和协同性要求极高的系统工程。在推进信用浙江建设历程中，浙江省委省政府始终坚持系统理念谋划设计，坚持横向协同、上下联动、社会参与，持续凝聚最大合力，不断推动信用建设走在全国前列。

---

① "四横"分别是全面覆盖政府职能的数字化业务应用体系、全省共建共享的应用支撑体系、数据资源体系、基础设施体系；"三纵"分别是政策制度体系、标准规范体系、组织保障体系。

(一)出台公共信用信息管理条例

信用法规制度不断完善,浙江是全国最先推动信用立法的五个省份之一。《浙江省公共信用信息管理条例》于 2018 年 1 月 1 日实施,配套出台《浙江省公共信用修复管理暂行办法》,各行业部门也配套出台了系列化的红黑(严重失信)名单制度和行业信用管理办法。

(二)建设一体化公共信用信息平台

充分依托浙江良好的数字化基础,以公共信用信息平台列入省政府数字化转型中"8+13"重大数字化转型标志性工程为契机,把平台建设作为信用体系建设的核心载体,以平台应用引领制度落实。目前,信用平台打通省级部门和市县三级近 300 个政府办事系统,建成信息归集、产品研发、信用应用、成效反馈的信用监管闭环,为"事前管标准、事中管达标、事后管信用"的全流程监管提供技术支撑。

(三)推进"信用十"十大联动场景应用落地

信用建设的关键在于"用信"。浙江省委省政府印发《关于加快推进信用"531X"工程构建以信用为基础的新型监管机制的实施意见》,为实施"信用十行政审批""信用十行政监管""信用十公共资源交易""信用十政务事务""信用十便民服务(公共服务)""信用十行业监管""信用十社会治理""信用十风险防控""信用十融资""信用十政府自身建设"应用提供制度保障。

(四)打造信用数据共享开放体系

"可信"的信用数据和模型是信用体系建设的基础。以《浙江省公共信用信息目录》为标准,以统一社会信用代码和身份证号码等为标识,依托省公共数据共享交换平台,建立健全全省统一公共信用数据库,拓展公共信息提供单位在履职过程中产生的反映五类主体信用状况数据和资料的归集范围,全面、及时、准确归集信用信息。同时,将信用数据作为一种重要的公共数据资源,有序推进公共信用信息开放,为市场化应用提供信用数据环境。坚持"做成白盒子,不做黑盒子"①的评价理念,坚持"开门做评价"的方法,邀请专家等社会各界人士,持续迭代《浙江省五类主体公共信用评价指引》,确保信用模型可信任和可追溯。先后研发了指数类、预警类、关联类信用产品,形成全省统一、科学权威、覆盖全面的公共信用评价体系。

◆◆◆【案例 7-2】

信用助力浙江疫情防控和复工复产

信用建设是维护经济和社会秩序的重要保证。新冠肺炎疫情发生以来,面对疫情中发生的社会不诚信现象和企业复工复产面临的困难,浙江推动各地各部门以信用为基础优化监管方式、创新服务内容,切实优化营商环境,助力疫情防控和复工复产两手都要硬、两战都要赢。

加强信用监管,筑牢社会疫情防控防线。加强疫情期失信行为信息归集。对哄抬物价、食药等领域假冒伪劣、隐瞒疫病史、造谣传谣、不实填写"浙江健康码"信息等扰乱经济社会管理秩序和复工复产规定的失信信息进行归集,纳入信用档案和信用评价,并通过"信用浙江"网集中向社会公开。截至 2020 年 4 月 2 日已归集失信信息 2477 条,并从类别、地域、时序等角度对失信信息进行专题分析,推动各地各部门开展疫情防控失信信息认定和惩戒。嘉兴市将防疫工作不到位,未经同意擅自开工的企业列入本年度

---

① "做成白盒子,不做黑盒子"指信息公开、信息透明。

绩效评价 D 类企业名单和失信企业名单,取消三年内一切涉企优惠政策享受;省交通运输厅通过信用告知承诺即可取得疫情防控相关运输车辆通行证的方式,实现疫情防控高效监管,累计办理通行证近 3 万张,并对误报、伪造信息等失信行为的,给予撤销通行证、取消申报资格等惩戒。

加大信用激励,凝聚全民疫情防控合力。发挥信用鼓励企业投身疫情防控的推动作用,将经认定的企业捐款捐物、提供志愿者服务等公益行为信息,作为守信信息纳入公共信用档案、公共信用评价及城市信用分,并在行政许可、财政性资金支持、公共服务等方面采取激励措施。

优化信用服务,助力企业顺利复工复产。开设医药等疫情防控重点企业信用修复"绿色通道",将原 10 个工作日的审核周期缩短为 1 日,已为 3 家医药企业加急办理,避免出现因信用修复不及时造成企业无法正常投产、运转等情况。推动全省各地加大"信易贷"支持力度,鼓励银行业金融机构"信易贷"产品创新,解决疫情防控重点企业及受疫情影响较大的中小微企业融资问题。台州市金融机构创新推出"容易贷""E 票贴"等线上信用产品,为 2000 余户企业增加贷款额度。推动各地发挥信用承诺在疫情防控和复工复产中的作用。湖州市推行企业复工"白名单"制和企业、工人双向信用承诺制,支持信用评价好的重点培育企业优先复工,促进企业尽快恢复正常产能,确保稳经济政策落地。

案例简析 〉〉〉

浙江信用建设有效地推进信用建设制度化,强化社会责任意识、规则意识,使信用体系在经济社会发展中的基础性作用更加突出,有利于信用成为治理体系和治理能力现代化的关键支撑点。

◆◆◆【案例 7-3】

杭州钱江分:个人信用场景化创新应用

"钱江分"项目是由杭州市政府批准、市发展改革委牵头,杭州市民卡有限公司负责具体实施的杭州城市个人诚信分项目,在杭州工作或生活且年满 18 周岁的市民,无论户籍归属,都可以申请授权开通自己的钱江分。

钱江分以"引导市民诚信向善、弘扬社会主义核心价值观"为设计初衷,依托杭州市发展改革委的公共信用信息平台、杭州政务数据资源共享平台及杭州市民卡运营 10 余年积累的用户数据,采集政务、经济、司法、生活、公益等各领域城市信用变量特征,通过科学的统计综合评价模型计算得出。模型设计侧重于公共服务和公益普惠,覆盖基本信息、遵纪守法、社会用信、商业用信、亲社会行为五大维度,致力于真实反映市民在城市生活中全方位的用信情况。

根据国家发展改革委关于"信用示范城市率先实现个人信用分覆盖常住人口 90％以上"的要求,钱江分已实现了对约 1200 万杭州常住人口和流动人口的预赋分,在获得用户授权后实时调用、显示,成为全国首个实现对全体市民预赋分的城市个人诚信分项目。

2018 年 11 月 16 日,钱江分正式对外发布。杭州市民可以在杭州市民卡 App、"钱江分杭州城市个人诚信分"微信小程序、信用杭州 App、杭州办事服务 App、服务厅柜面及自助机、华数 4K 终端等渠道开通查询钱江分。2019 年 6 月,浙江省"531X"自然人信用评价作为一项基础性指标纳入钱江分,钱江分推出 2.0 升级版。

钱江分应用聚焦民生领域、公共服务领域和基层治理领域,目前已实现舒心就医"最多付一次"、校园健身免审核、公交地铁扫码乘车信用付、公租房押金减免、便捷泊车先离场后付费、曹操专车信用权益、诚信交友、信用养老时间银行、自如信用住、信用示范园区、信用出游、华数惠购、信用家政、城市信用共享(厦门)、浙江省个人信用码杭衢试点等20余项"信易＋"领域创新应用场景。

信易医——舒心就医·最多付一次:杭州市医保参保居民,根据"钱江分"可获得一定的信用就医额度,在该信用额度内,看病无须先付费(含住院预缴金),个人支付费用先行记账并扣减相应信用额度,通过自助机、手机等终端待全部就诊结束离院时或48小时内(就诊结束次日零时起计算)一次性完成支付。

信易行——便捷泊车·先离场后付费:用户根据"钱江分"可获得一定的信用停车额度,用户在贴心城管 App 开通"无感停车"功能,为钱江分高于580分的用户开通信用账户、享受信用支付,实现停车"先离场后付费"。曹操专车信用权益:分数高于550分的用户,可在市民卡 App 享受曹操专车优质服务,包括全天候打车9折优惠、附近车辆优先响应、星级司机的特权服务等。

案例简析 〉〉〉

"钱江分"功能应用侧重于公共服务和公益普惠,充分突显信用分的社会属性。它是杭州推进城市个人诚信建设、打造信用城市的重要步骤,也是直观展现市民诚实守信情况的有效载体。杭州的"钱江分"制度不仅为本市居民打开了一幅信用生活的美好图景,也为其他城市和地区乃至全社会提供了信用建设应用的创新启示。

◆◆ 本章小结

浙江数字社会建设以满足群众高品质生活需求和实现社会治理现代化为导向,以跨部门多业务协同为抓手,坚持数字赋能、改革创新、制度重塑,以城市大脑、未来社区、乡村服务等应用场景为载体,拓展和满足人民群众高层次、多样化、均等化的需求,提升人民群众的获得感、幸福感、安全感,在推进数字社会建设中形成了可推广、可复制的"浙江方案",为全国推进数字社会建设提供了有益借鉴。

◆◆ 思考题

1. 如何建设人民满意的数字社会?

2. 浙江省数字社会建设有哪些特点?

3. 在打造跨场景应用中,从哪些方面推动各部门高效协作和制度重塑? 如何推动从技术理性向制度理性跃迁?

◆◆ 拓展阅读

1. 国务院发展研究中心创新发展研究部.数字化转型:发展与政策[M].北京:中国发展出版社,2019.

2. 林崇责,邱靓.利民为本精准智服 共建共享美好数字社会[J].浙江经济,2021(03):29-31.

3. 信息社会50人论坛.数字化转型中的中国[M].北京:电子工业出版社,2020.

4. 中共浙江省委党校.数字社会[M].杭州:浙江人民出版社,2019.

后　记

2021年2月18日,春节假期后首个工作日,浙江用一场全省数字化改革大会开启了牛年新局。以2003年时任浙江省委书记习近平作出的"数字浙江"重大决策部署为起点和指向,经过"四张清单一张网""最多跑一次"改革和政府数字化转型的实践积累,历来引领改革风气之先的浙江,在全国率先部署开展了一项关系全局、影响深远、制胜未来的重大集成改革——数字化改革。这既是破解数字化发展中要素流动不畅、资源配置效率不高等瓶颈的强劲动力,更是推进省域治理体系和治理能力现代化、打造全球数字变革高地的全新部署。

一、数字化改革的定义内涵与特征

2021年3月,中共浙江省委全面深化改革委员会制定并发布了《浙江省数字化改革总体方案》[①],对数字化改革的指导思想、定义内涵、方法路径、主要目标、重点任务、保障体系作出了明确界定。

数字化改革是围绕建设数字浙江目标,统筹运用数字化技术、数字化思维、数字化认知,把数字化、一体化、现代化贯穿到党的领导和经济、政治、文化、社会、生态文明建设全过程及各方面,是对

---

① 中共浙江省委全面深化改革委员会.浙江省数字化改革总体方案(浙委改发〔2021〕2号)[EB/OL].(2021-03-01)[2021-10-30].http://www.echinagov.com/policy/291654.htm.

省域治理的体制机制、组织架构、方式流程、手段工具进行全方位、系统性重塑的过程,从整体上推动省域经济社会发展和治理能力的质量变革、效率变革、动力变革,在根本上实现全省域整体智治、高效协同,努力成为"重要窗口"的重大标志性成果。

数字化改革具有以下五个方面特征。

一是一体化。纵向一体化,省市县乡各层级一体推进、步调一致、高效协同,实现自上而下的顶层设计和自下而上的应用场景创新相结合;横向一体化,各部门各领域一体推进、步调一致、高效协同,实现相互贯通、系统融合和综合集成;业务之间一体化,网络、平台、数据、场景要统筹规划、整体设计、一体考虑,发挥整体的最大效应。

二是全方位。数字化改革具有极强的引领性、整体性和撬动性,是引领发展格局、治理模式和生活方式变革的关键变量,是党的领导、政府治理、经济发展、社会建设和法治建设的整体性变革,具有一子落而满盘活、牵一发而动全身的放大效应。通过数字化改革补短板、扬优势,把各方面的优势和潜力激发出来,进一步打牢高质量之基、激活竞争力之源、走好现代化之路。

三是制度重塑。重塑党政机关运行机制,从根本上解决内外融合、上下贯通等难题,实现党政机关内部高效协同;重塑党政机关与社会、企业的制度链接,从根本上解决内外信息不对称、政策回应慢等难题,实现党政机关与社会高效协同;重塑企业与企业、企业与社会等多元社会主体的沟通机制,从根本上解决社会交易成本偏高等难题,促进全社会各类主体高效协同,实现各领域全方位的流程再造、规则重塑、功能塑造、生态构建。

四是数字赋能。通过数字赋能,对每一项任务、在每一个领域都能实现从宏观到微观、从定性到定量的精准把握,提升整体协同能力。数字化改革要在确保数据安全的前提下,最大限度地开放数据资产,促进数据关联应用,激发数据生产要素对经济社会的放大、叠加、倍增作用,既为改革自身赋能,也为社会赋能,提升治理能力,做到准确识变、科学应变、主动求变,实现决策时运筹帷幄、落实时如臂使指。

五是现代化。数字化改革是现代化的内在要求,也是全面贯彻新发展理念、推进以人为核心的现代化的必由之路。现代化先行要在数字化改革中交融聚合、形成裂变效应,在高水平自立自强、高水平对外开放、供需高水平动态平衡、高水平超大规模国内市场建设上加快突破,推动质量变革、效率变革、动力变革,不断促进人的全面发展和社会全面进步。

二、数字化改革的重点任务

推进一体化智能化公共数据平台建设。按照"以用促建、共建共享"的原则,打造持续稳定、集约高效、自主可控、安全可信、开放兼容的一体化智能化公共数据平台,建设完善基础设施、数据资源、应用支撑、业务应用、政策制度、标准规范、组织保障、政务网络安全"四横四纵"八大体系和"浙里办""浙政钉"两大终端,全面服务党委、人大、政府、政协、法院、检察院、纪委监委、群团、社会组织、公共企事业单位等改革主体,有效支撑党政机关整体智治、数字政府、数字经济、数字社会、数字法治全领域改革,数字赋能决策、服务、执行、监督和评价履职全周期。

推进党政机关整体智治系统建设。以加强党的全面领导为主线,推进党政机关全方位、系统性、重塑性变革,构建综合集成、协同高效、闭环管理的运行机制,更好发挥党委"总揽全局、协调各方"作用。在全面梳理党政机关核心业务基础上,充分利用政府数字化转型成果,建设党政机关整体智治综合应用,着力打造全局"一屏掌控"、政令"一键智达"、执行"一贯到底"、服务"一网通办"、监督"一览无余"等数字化协同工作场景,实现党的全面领导在"制度""治理""智慧"三个维度纵深推进,开创党政机关整体智治新格局。

深化数字政府系统建设。围绕"管"和"服",立足企业群众的政务服务需求和办事获得感、满意度,以数字化手段推进政府治理全方位、系统性、重塑性变革,打造整体智治、高效协同的数字政府综合应用,构建整体高效的政府运行体系、优质便捷的普惠服务体系、公平公正的执法监管体系、全域智慧的协同治理体系,建设"一网通办""一网通管"的"掌上办事之省""掌上办公之省""掌上治理之省"。通过对各部门核心业务数字化应用迭代升级,建立重大任务运用数据科学决策、精准执行、风险预警、执法监管、服务保障、督查督察、绩效评估、成果运用的体制机制,建设重大任务、重点领域跨部门跨系统、全业务协同应用的功能模块,建立数字化的决策、执行、预警、监管、服务、督查、评价、反馈的闭环管理执行链,实现政府履职整体智治、高效协同。

深化数字经济系统建设。围绕科技创新和产业创新双联动,实施数字经济"一号工程"2.0版,推动公共基础数据、生产要素数据、科技创新数据、消费服务数据、贸易流通数据、供应链数据的融合应用,实现资源要素的高效配置和经济社会的高效协同,着力提升数字经济治理体系和治理能力现代化。以工业领域为突破口,以产业大脑为支撑,以数据供应链为纽带,以"未来工厂"、数字贸易中心及未来产业先导区等建设为引领,推动产业链、创新链、供应链融合应用,形成全要素、全产业链、全价值链全面连接的数字经济运行系统,赋能高质量发展、竞争力提升、现代化先行,努力打造全球数字变革高地。

推进数字社会系统建设。以城市大脑为支撑,以满足群众高品质生活需求和实现社会治理现代化为导向,打造一批跨部门多业务协同应用,为社会空间所有人提供全链条、全周期的多样、均等、便捷的社会服务,为社会治理者提供系统、及时、高效的管理支撑,发挥"民生服务＋社会治理"双功能作用。立足未来社区、数字乡村,创造性探索"一件事"集成协同场景,推进公共服务供给创新,完善优质公共服务资源统筹共享机制,实现幼有所育、学有所教、劳有所得、住有所居、文有所化、体有所健、游有所乐、病有所医、老有所养、弱有所扶、行有所畅、事有所便,更好满足群众对高层次、多样化、均等化公共服务需求,建设场景化、人本化、绿色化、智能化的美好家园。

推进数字法治系统建设。综合集成科学立法、严格执法、公正司法、全民守法等社会主义法治全过程,以数字化改革撬动法治建设领域各方面改革,在政法一体化办案体系、综合行政执法体系、社会矛盾纠纷调处化解体系建设中率先突破,同步推进理论体系和制度规范体系建设,推动法治建设重要领域体制机制、组织架构、业务流程的系统性重塑,为深化法治浙江建设、打造法治中国示范区发挥重要的引领、撬动和支撑作用。

推进数字化改革理论体系建设。强化实践基础上的数字化改革理论研究,迭代完善数字化改革的内涵、目标、思路、举措,同步完善数字化改革的系统、组织、机制,推动数字化改革实践上升为理论成果,形成数字化改革理论体系。

推进数字化改革制度规范体系建设。进一步解放思想、大胆探索、先行先试,全面构建一整套与党政机关整体智治、数字政府、数字经济、数字社会、数字法治相适应的体制机制和工作规范,推动数字化改革实践固化为制度成果,积极构建有利于破除制约创新发展的瓶颈、激发经济社会发展活力、加快实现省域治理现代化、符合未来发展方向的制度规范体系。

三、数字化改革的初步成效与展望

2021年8月29日,浙江省政府新闻办举行新闻发布会,发布了浙江数字化改革重大应用成果。短短半年时间,数字化改革已经涌现了一批彰显浙江辨识度、具有全国影响力的应用成果、理论成果和制度成果[①]。

在应用成果方面,浙江以重大需求清单、重大多跨场景清单、重大改革清单"三张清单"为抓手,坚持"小切口、大场景"、顶层设计和基层创新相结合,上线运行了一批重大应用,如"浙江公平在线""浙江外卖在线""七张问题清单""基层公权力大数据监督""人才管家""志愿浙江""为侨服务'全球通'2.0""人大代表履职""政协委员协商议政"等。同时,各市县形成了一批满足个性化需求、具有地方特色的应用成果,如杭州的"民呼我为"、宁波的"危化品全链条安全风险智控"、温州的"海上综合智治"、湖州的"社会治理风险闭环管控"、嘉兴的"污水管网数字孪生"、绍兴的"古城信息管理"、金华的"全民安心医保城市"、衢州的"四省边际政务服务跨省通办"、舟山的"自贸区国际船油加注智能监管服务"、台州的"亲农在线"、丽水的"天眼守望'两山'转化综合智治"等。

---

① 浙江省人民政府新闻办公室.浙江举行数字化改革重大应用成果发布会[EB/OL].(2021-08-29)[2021-10-30].https://zj.gov.cn/col/col1229563283/index.html.

　　在理论成果方面,五大系统出台了定义集。一套关于数字化改革定义内涵、思路方法、推进机制的理论体系有效构建,全省统一、标准规范的话语体系加快形成。

　　在制度成果方面,数字化改革催生出一批法规规章、政策文件、地方标准、规范指南等。其中,2021年3月1日施行的《浙江省数字经济促进条例》,是全国首部以促进数字经济发展为主题的地方性法规;《浙江省公共数据条例》由浙江省第十三届人民代表大会第六次会议通过,自2022年3月1日起施行。数字化改革术语定义、公共数据分类分级指南、群众和企业全生命周期"一件事"工作指南等一批地方标准相继出台。

　　数字化改革解决了传统手段难以解决的问题,有力撬动了各领域、各方面的改革,推动了整体智治、整体智服,为浙江高质量发展建设共同富裕示范区和争创社会主义现代化先行省提供了强大动力。主要体现在加强了党的全面领导、增强了群众获得感、激发了经济发展活力、提升了治理现代化水平、提高了干部塑造变革能力这五个方面。

　　展望未来,浙江推进数字化改革,将聚焦高质量发展、竞争力提升、现代化先行和共同富裕,重点把握全面深化改革的总抓手、迈向现代化的关键路径、主动塑造变革的新载体、系统化闭环管理的核心工具、提升干部适应引领现代化能力的必答题、"重要窗口"和共同富裕示范区重大任务的标志性成果、全球数字变革高地的金名片这"七个关键"。通过把数字化贯穿到党的领导和经济、政治、文化、社会、生态文明建设全过程及各方面,对生产方式、生活方式和治理方式进行全方位、系统性重塑,整体推动生产力水平跃升、生产关系优化,整体推动质量变革、效率变革、动力变革,整体推动治理体系和治理能力现代化。浙江将深入践行习近平总书记关于网络强国、数字中国的重要论述,率先打造数字中国示范区,率先创造前所未有、面向未来、充分彰显中国特色社会主义制度优越性的现代数字文明。

图书在版编目(CIP)数据

数字中国的浙江探索 / 刘亭，陈畴镛编著. —杭州：
浙江大学出版社，2022.3(2023.7 重印)
ISBN 978-7-308-22398-0

Ⅰ. ①数… Ⅱ. ①刘… ②陈… Ⅲ. ①信息经济－经
济发展－研究－浙江 Ⅳ. ①F492

中国版本图书馆 CIP 数据核字(2022)第 040976 号

数字中国的浙江探索

刘　亭　陈畴镛　编著

总 编 辑	袁亚春
策划编辑	黄娟琴
责任编辑	李　晨　郑成业
责任校对	曾　熙
封面设计	程　晨
出版发行	浙江大学出版社
	（杭州市天目山路 148 号　邮政编码 310007）
	（网址:http://www.zjupress.com）
排　　版	杭州朝曦图文设计有限公司
印　　刷	浙江新华数码印务有限公司
开　　本	710mm×1000mm　1/16
印　　张	15.5
字　　数	180 千
版 印 次	2022 年 3 月第 1 版　2023 年 7 月第 4 次印刷
书　　号	ISBN 978-7-308-22398-0
定　　价	39.00 元